아침을 여는 70選

한의명 · 김승환

아침을 여는 70選

명경사
MYUNGKYUNGSA

| 감사의 말 |

'내 나이가 어때서'

'내 나이가 어때서'라는 노래를 흥얼거려 본다. 흘려보낸 세월에 대한 아쉬움과 후회를 하면서 "이제부터라도 다시 해 보면 되지, 나이가 무슨 상관이야"라며 내 스스로를 위로하느라 부르는 것은 아닌지…

우여곡절을 겪으며 긴 터널을 지나왔다. 오직 경영전문서적 출판 분야에만 40여년 간 종사했다. 영업사원으로 출발하여 출판사 사장으로 활동하기까지 보낸 지난 세월을 반추해 본다. 아쉬운 점도 많았으나 그 동안 많은 교수님들을 만나 세상 돌아가는 이야기도 하고, 출판 기념으로 술 한잔하면서 나눈 대화들이 남은 내 인생에 도움이 될 것 같은 생각이 든다.

백세인생 시대라 하지 않는가… 이제 겨우 반을 조금 넘긴 내 나이이기에 초조할 필요는 없을 것 같다. 노래 가사 대로 '아직 할 일이 남아 못 간다고 전해라'라고 해야겠다. 아직도 세월이 한창 남아 있지 않는가?

꿈을 담아 다시 도전해 보고 싶다. 꿈이 그렇게 쉽게 이루어지지는 않으며, 그 꿈을 이루려면 많은 인내와 노력이 필요하다는 것을 과거로부터 알았지만, 과거는 과거일 뿐이다. 실패로 인한 상처는 지워버리자. 쏟아진 물은 결국 수증기로 사라지고 만다. 과거를 돌아보고 깨달음만 구하자.

깨달음! 이는 우리 인간에게만 가능한 특권이 아닌가? 깨달음이야말로 새로운 미래 자산이라고 평가하고 싶다. 깨달음의 일환으로 지난 세월 틈틈이 필자들과 나눈 이야기와 그 동안 모아둔 기사거리를 정리하면서 이 책을 만들었다.

잘 익은 과일을 따보고 싶은 농부와 같은 심정으로 여러 주제들을 정리했다. "그래, 다시 뛰어 보자."라고 다짐하는 독자들과 함께 아침을 출발하면서 생각해 보고 싶은 주제들을 정리해 보았다.

이 세상에 태어나서 이름 석 자라도 남겨보고 싶은 욕망도 있다. 박식가가 아니기에 이 책을 발간하기까지 여러분들의 도움이 컸다. 무엇보다도 교수님들의 코멘트가 큰 힘이 되었고 주변의 모든 분들과 가족들에게 감사한 마음을 드린다.

독자 여러분께 마음의 양식이 되었으면 하는 바람으로……

2019년 겨울을 맞이하며
한의명 · 김승환

| 글의 순서 |

01	아침을 여는 화장실에서 1분 [13]
02	성공이 무어냐고 물으신다면? [17]
03	세상에 공짜 점심은 없다 [20]
04	또라이 전략 [23]
05	실패하는 이유 [26]
06	부러지지 말고 휘어져라 [29]
07	패러다임을 바꿔라 [32]
08	'老靑 동거' 아세요? [34]
09	커피숍 스탬프 [37]
10	스타벅스 프라푸치노 [40]
11	친구가 재산이다 [43]
12	반려동물 시대, 기회인가? 문제인가? [47]
13	알파고(인공지능) 데이터 자본 [50]
14	메모의 기술 [53]
15	인생 Show의 주인공은 바로 나 [56]
16	오늘이 바로 특별한 날 [59]
17	숫자가 알려주는 삶의 지혜 [61]
18	모든 일은 마음이 맑아야... [64]
19	자만하지 않는 반성 [67]
20	스시의 변화 [69]
21	기다림에 투자하라 [72]
22	이젠 동업도 짭짤해 [74]
23	세상 돈 벌기 쉽다고? [77]
24	따뜻한 손길 [80]

25	뜻밖의 성공	[83]
26	한숨 돌리고 여유 좀 가져요	[86]
27	풀 안먹는 호랑이	[89]
28	당신 멋져…	[92]
29	터널 비전(tunnel vision)	[95]
30	남성이 뒤 처진다고?	[98]
31	양두구육(羊頭狗肉)	[101]
32	답해야 할 마지막 질문은?	[104]
33	자신의 등을 못보는 사람들	[107]
34	20대의 스펙 중시	[110]
35	언스크립티드(unscripted)	[113]
36	사르트르의 할아버지의 친구	[116]
37	돈 버는 것도 과학이다	[119]
38	자기 계발은 어떻게?	[122]
39	피라미도 할 줄 아는 양보	[125]
40	'스티브 커' 리더십	[128]
41	일관성의 미학	[131]
42	성공할 수밖에 없는 당신	[134]
43	자기 평가는 약인가? 독인가?	[137]
44	CSR, 웃음 그리고 사랑	[140]
45	금융 문맹	[143]
46	법이 있어야만 살 사람	[146]
47	나노기술, 희망인가 재앙인가	[149]

|글의 순서|

48	장수하는 Tip [151]
49	비옥취사(比玉聚沙) [154]
50	적당한 거리 – proper distance [157]
51	그래도 건강이죠 [160]
52	물이 돈이다 [163]
53	내 나이 뒤돌아 보며 [166]
54	행복하다고 느껴요? [169]
55	오너십(ownership)과 바로워십(borrowership) [172]
56	승자의 저주 [175]
57	다빈치 리더십 [178]
58	끈끈한 동료애와 감사 표시 [181]
59	구글의 자유와 몬테소리 교육 [184]
60	또 다른 나(another me) [187]
61	전액 환불 보장 [191]
62	기록할 가치가 있는 삶을 산 당신 [194]
63	마켓 오거나이저 [197]
64	창업, 아무나 하는거 아니에요 [200]
65	N세대 아이들의 위기 [203]
66	조상에 대한 예의? [206]
67	나만, 못 사는 것 같아… [209]
68	지피지기와 벤치마킹 [212]
69	한국형 트랜드에 대한 단상 1 [215]
70	한국형 트랜드에 대한 단상 2 [218]

01

아침을 여는 화장실에서 1분

아침! 누구에게나 기쁨과 희망을 안겨주는 말이다. 아침을 맞이한다는 것은 내가 오늘 하루를 살아갈 수 있는 허가를 받은 선물이 아닌가! 이런 기쁨을 누리지 못하고 늦잠으로 선물의 가치를 떨어뜨리고 사는 건 인생의 낭비가 아닌지.

아침에 눈을 떠 새로운 오늘을 맞이하고 오늘 할 일을 머리 속에 떠올리며 하루를 설계하는 사람의 모습은 그 어떤 꽃보다도 아름답고 싱그럽지 않은가?

이런 저런 핑계를 대지 말고 일찍 일어나 선물을 받자!

'일찍 일어난 새가 방앗간에 먼저 간다'고 한다. 먼저 일어난 새가 새끼에게 많은 먹이를 줄 수 있는 것처럼 일찍 일어나 화장실에서 충전을 위한 비움의 시간도 보내고 상쾌 모드로 전환하자. 기분 좋은 첫 출발이 출근 후 재테크의 행운으로 다가올것이다.

경영에서는 출발시점을 계획이라 한다. 계획이란 경영과정의 한 단계로써 추구하는 목표를 설정하고, 목표 달성을 위한 구체적인 방법을 결정하는 과정이다.

1. 오늘 하루 성취할 목표를 거창하게 구상하지 말라.

"아니, 벌써 저녁이야?"라고 말한 기억을 떠올려 보면 하루라는 시간은 그다지 긴 시간이 아니다. 그런 하루 일과 중 해야 할 목표를 추상적으로 구상하지 말고 구체적으로 시작해라. 목표가 애매하면 행동도 모호해지고 마음만 앞서지 무엇을 어떻게 해야 하는 지를 몰라 허둥대기만 한다. 예를 들면, 옷장 정리하기, 영어회화 10분 듣기, 공원 30분 걷기, 윗몸 일으키기 20회 이상 하기 등 해야 할 일과 달성해야 할 목표를 구체적으로 정하자.

2. 어제의 목표는 어제의 일이다.

어제의 목표가 실패로 돌아갔더라도 "365일 중 한 번 실패다."라고 스스로를 위로하라. 그러나 왜 실패했는지에 관해서 생각해 볼 필요가 있다. 이때 생각만으로 멈추지 말고 실패한 목표를 달성

할 수 있도록 상상해 보자. 내일 실패하지 않는 하루를 다시 시작할 수 있는 중요한 시간이 될 것이다.

3. '나는 할 수 있는 능력인이다.' 라는 자부심을 뇌리에서 내려놓아서는 안 된다.

스프링이 제 자리로 돌아오지 못하면 쓸모가 없듯이 결심이 약해지면 목표 달성은 더 힘들어진다. 지나친 자신감은 실패한 목표 달성에 변명거리를 만들지만 "나는 충분히 할 수 있어"라는 긍정적인 마인드컨트롤은 내 자신을 지치지 않게 해 줄 것이다.

4. 매일 똑같은 일인데 무슨 목표를 설정하라고 하는가?라고 푸념하지 말라.

야구 투수도 등판할 때마다 그 날의 목표를 가지고 투구에 임하듯 매일 같은 일이라도 목표를 재정립하면 그 자체의 성과가 달라지게 될 것이다. 목표를 조금 더 높게 잡고 그 목표의 80%만 해도 사실상 성공한 사례다.

5. 고객 및 여타 사람을 만날 때는 가능하면 하루에 3명 이상 만나는 계획을 잡지 말라.

많은 사람을 만나면 집중력이 떨어진다. 물론 형식적인 만남에 그친다면 상관없겠지만, 내가 만나는 한 사람 한사람을 내 인생

마지막 사람을 만나듯이 대한다면 하루 3명 이상의 만남은 그 자체에 피로감을 느낄 수 있다. 성공적인 결과를 얻을 수 있는 만남을 원한다면 충분한 시간을 할애해야 한다. 물론 사전에 그들의 프로필을 숙지하고 만나야 지피지기 백전백승(知彼知己 百戰百勝)을 명심해라.

6. 상대방의 무슨 말이던 자르지 말고 경청하고, 3수 앞을 보고 응답하라.

상대가 원하는 바를 즉흥적으로 간파하여 답변하는 재치도 중요하지만 상대가 무슨 말을 하려는지 미리 생각하고 답변을 준비해야 한다는 진리를 다시 한 번 되새김 하라.

한 어린아이가 아빠에게 우유가 들어있는 컵을 내밀며 "아빠!"하고 부르자 아빠는 "왜, 우유가 아직 남았잖아?"하고 응했다. 그런데 그 어린아이가 오빠에게 "오빠!"하고 컵을 내밀자 오빠는 "건배"하고 잔을 부딪쳐 주었다. 이것이 아빠가 실수한 경청이다.

단순한 듣기의 실수가 아니라 아이의 말속에 담겨있는 마음의 의미를 파악하지 못했기 때문이다.

02

성공이 무어냐고 물으신다면?

출판 하는 입장에서 교수들한테 원고를 받기 위해 연구실에서 기다리다 보면 종종 학생들을 만나게 된다. 나의 학창 시절도 생각나고 그들과 젊음도 느끼고 싶어 대화를 걸어 봤다. 이렇게 공부해서 이루려는 목표가 뭔지 물어보면 멈칫멈칫 하다 이내 긴장을 풀고 말문이 열린다. 학생들 다수에게 들은 대답은 "성공하고 싶다." "취업을 해서 차도 사고", "해외 여행도 다니고", "명품도 갖고 그래야 멋진 배우자도 만날 것"이라고… 이 모든 것을 다 누리고 살 수 있는 삶을 성공이라고 말하는 것 같다.

그러면 그들이 말하는 성공이 이런 것이라면 실패란 무엇인가?

사람들의 대답은 비교적 간단하다. "자신이 바라는 바를 성취하지 못한 상황이 실패이다."라고 말한다.

여기서 문제는 인간은 하루하루 살기 위해 필요한 양만큼 사냥하는 짐승과 달리, 바라는 바가 한 없이 많다는 것이다. 더 쉽고, 더 편리하고, 더 맛있는, 더 많이… 결코 하루 먹이에만 만족하지 않는다.

이런 욕심으로 세상을 살다 보면 자신이 바라는 바가 성취되지 못하는 실패를 겪는다. 내가 가지고 있는, 내 역량에 맞는 지금의 현실에 만족하기 보다는, 다른 사람들과 비교해서 남들보다 내가 더 많이 갖고, 남들보다 더 많이 누리는 삶을 사는 것이 성공했다고 판단하기 때문이다.

욕심을 부려 마치 실패한 상황의 반대를 성공으로 판단하니, 대부분의 사람들이 자신은 성공하지 못 했다고 결론 내리는 것은 당연하다.

욕심을 줄이고 성공의 기준점을 낮추어 성취감을 맛보는 것도 필요하다. 또한 일희일비 할 것이 아니라 흐름을 길게 보고 장기 레이스를 펼쳐야 한다.

보통의 사람들은 성공을 지금의 상황에서 무조건 위로만 한 단계 한 단계 상승하는 일직선으로 상상한다. 그러나 우리가 소위 성공했다고 지칭하는 사람들이 말하는 성공은 다르다. 그들에게 성공이란 성공과 실패가 복잡하게 얽히면서 상승하는 장시간의 곡선이다.

이윤 추구를 하는 기업 경영의 경우도 이처럼 보다 장기적인 관점에서 성공이란 단어를 해석한다.

기업은 바라는 목표가 달성되지 못해도 이로부터 얻은 교훈이 있으면 이를 '성공'이라 하지는 못해도 '성공적'이라 한다. 우리가 아는 '실패는 성공의 어머니이다.'라는 격언이 통하는 말이다.

〈멀티형 인간〉을 쓴 베스 사위(Beth Sawi)는 성공했다고 하는 사람들을 이렇게 말했다. "당신이 추구하는 걸 얻는 건 성공이다. 그러나 당신이 뭔가를 추구하면서 좋아한다면 그것이 행복이다." 성공을 통해 얻으려는 궁극적인 목표는 행복이어야 한다는 의미다. 이제는 성공에 대해서도 다른 관점에서 바라볼 필요가 있다. '나는 날마다 성공하고 있다.'라는 마음가짐으로 스스로를 격려하며 하루하루를 보낸다면 성공을 향한 자심감은 배가 될 것이다. 성공은 결과가 아니라 과정이며, 그 과정을 소중하게 여기는 것이 진정한 성공의 비결이라 생각해야 한다.

03

세상에 공짜 점심은 없다

우리는 낯선 이로부터 자주 전화를 받는다. 무상으로 스마트폰을 신형으로 교환해 주겠다는 전화이다. 어떤 전화는 전화와 인터넷을 묶어 사용하면 보조금까지 현금으로 주겠다고 한다. 정말 공짜 스마트폰이 가능한 것인지. 여러분들도 잘 알다시피 공짜 스마트폰이 가능한 것은 통신사가 보조금을 지급하기 때문이다. 하지만 정말로 통신사가 우리를 위하여 스마트폰 가격을 지불하는 것일까? 당연히 아니다. 앞으로 내야할 보조금을 지금부터 나눠서 낼 뿐이다. 이런 상황을 빗대어 '세상에 공짜 점심은 없다(There is no such thing as a free lunch).'라고 한다. 당장은 공짜인 것 같지만 결국은 알게 모르게 그 대가가 지급된 상황을 표현한 속담이다. 스마트 경제에서도 결코 공짜 점심은 없는 것이다.

미국의 자유시장 경제 옹호론자인 경제학자 밀턴 프리드먼(Milton Friedman)은 '세상에 공짜 점심은 없다.'라는 말을 자주 인용했다. 미국 서부 개척시대에 낮에는 식당, 밤에는 술집을 운영하는 가게가 손님이 점점 줄어들어 운영 자체가 위험해질 지경이 되자 고민하던 사장은 '오늘 여기서 술을 마신 손님에게는, 다음 날 점심을 무료로 제공합니다.'라고 안내문을 붙였다. 그러자 가게는 공짜 점심을 먹는 사람들로 오히려 망하지 않을까 걱정할 정도로 사람들로 넘쳐났는데 그 걱정은 쓸데없는 것이었다. 사장은 술값과 다른 부대 비용들을 조금씩 올려 받아 이미 점심 비용을 충당했다. 손님들은 그 사실을 모르고 마치 점심을 공짜로 먹는 것으로 착각했다. 심지어 술만 마시고 다음 날 점심을 먹으러 오지 않는 손님들도 있었으니 사장은 더 큰 이익을 얻었다.

"美 동맹국이라도 평생 공짜 점심은 안돼… 그게 트럼프 생각이다"(매일경제 2019. 9. 28).

장자(莊子)도 '세상에 공짜 점심은 없다.'라는 사실을 다음과 같이 이야기 했다.

어느 임금님이 '어떻게 하면 온 백성을 다 잘 살게 할 수 있을까?'하고 고민하다가 신하들에게 비결을 연구하라고 지시했다.

연구를 거듭한 끝에 12권의 책으로 된 비결이 임금님께 보고됐다. 임금님이 읽어 보니 내용이 참으로 훌륭했다. 그러나 이 방대한 책을 백성들이 다 읽고 이해하기가 매우 어려울 것이니 그 내용을 간단하게 줄여오라고 했다. 줄이고 줄여서 한 권의 책으로 만들었으나 임금님은 한 문장으로 더 줄여보라고 했다.

신하들은 결국 짧은 한 줄의 문장으로 만들어서 임금님께 보여 드렸는데 이것을 받아 본 임금님은 그때야 비로소 만족하며 "바로 이것이다. 참으로 훌륭한 비결이다. 백성들이 이것만 알고 이대로만 한다면 틀림없이 잘 살 거야."라고 말했다고 한다.

임금님이 받아 보고 흡족한 그 비결은 바로 '이 세상에는 공짜가 없다.'라는 문장이었다. 부지런히 일하는 사람만이 잘 살 수 있다는 말이다.

04

또라이 전략

또라이 같은 녀석! 우리는 쉽게 이 말을 내 뱉는다. 이해할 수 없는 바보 같은 짓을 하는 아이들을 가리켜 장난삼아 사용하는 단어다. 어떤 경우는 인격 비난의 목적으로 사용되기도 한다. 그런데 그저 일반인들과 다르다는 의미로 널리 사용되면서, 선의로는 공격적이고 독특한 사람(기업), 악의로는 야비한 인간을 의미하는 정도로 사용되는 용어로 이해하자.

현실적으로 막대한 손해를 보면서 가격을 낮추고 판촉물을 대량으로 살포하면서 사업을 하는 기업을 볼 수 있다. 그들은 작은 시장에 진출하여 소규모 장사를 하는 소상인들과 달리 다른 기업들이 감히 진입할 엄두조차 못 낼 정도로 엄청난 물량공세를 하여 시장에 있던 기존 기업들을 초토화시켜 쫓아내는 기업이다. 또 당장 필요하지도 않으면서 상대 기업들의 인재를 스카우트 하는 기업들의 소식도 언론을 통해 가끔 접한다.

이건 누가봐도 '또라이'일 수 밖에 없다. 그러니 이제 막 시장에 진입하는 신규 회사가 감히 '또라이'를 건드릴 수 있겠는가? 그리고 이런 '또라이' 기업 행태를 사람들은 선의의 공격으로 받아 준다.

이런 선의의 '또라이' 기질은 사업에서 성공 요인이 되기도 한다. 반면 애플(Apple)의 스티브 잡스(Steve Jobs)는 직원들에게 해적 정신 운운하며 엄청난 스트레스를 주었으며 초기 멤버라 하더라도 성과가 없으면 단 한 주의 주식도 주지 않는 독특한 성격의 소유자이다.

이처럼 각박한 세상을 살다보면 야비하거나 이상한 방식으로 행동하는 악의 '또라이'를 만나기도 한다. 이들은 일반인과는 다른 행태의 전략을 택하고 목적을 이루기 위해서는 교활하고 잔인한 짓도 서슴치 않는다. 그러니 이들과 정면으로 부딪치는 것은 결코 현명한 행동이 아니다. 왜냐하면 이들은 애시 당초 주도권을 장악하고 예상하지 못한 전략까지도 실행하기 때문에 일반인들이 상대하면 십중팔구 패하게 된다.

그들에게 원하는 것을 주어 달래보거나 사정을 하는 경우가 간혹 있는데, 이런 약한 모습을 보이면 보일수록 더 큰 위협과 공격을 받게 되는 것이 십상이다. 이로 인해 우리는 더욱 큰 분노와 패배감에 시달리게 된다.

그럼 이런 악의의 '또라이'들을 상대하는 처세술을 무엇일까?

1. 예상 밖의 대담한 행동으로 제압한다.
2. 위협적으로 상대 공격을 맞받아친다.
3. 내 자신도 똑같은 또라이 기질을 보인다.
4. 일부러 적이 알아채도록 정보를 흘린다.
5. 만만한 상대가 아니라는 평판을 쌓는다.

악의의 '또라이'와 관련하여 흥미로운 서적이 있다. 번역서인 〈당신과 조직을 미치게 만드는 썩은 사과〉이다. 저자는 상자 속의 썩은 사과 한 알을 며칠 방치해뒀더니 한 상자 전체가 썩어버리는 경험을 이야기 하며, 회사 내의 '꼴통' '또라이'로 인하여 직장 분위기는 엉망이 되고, 손실이 발생하여 기업이 하루 아침에 파산하기도 한다고 전한다.

'그 인간이 떠나는 날이 제2의 창립기념일이다.'

05

실패하는 이유

"**실**패는 성공의 어머니다."라는 격언이 있다. 실패는 당신이 실패자임을 뜻하지는 않는다. 다만 아직 성공하지 못했음을 의미한다. 이런 의미를 깨닫지 못하면 바보다. 바보들은 실패의 진정한 의미를 모른다. 바보들은 맑은 날에도 진흙탕을 생각한다.

그 누구도 실패하기를 원하지 않는다. 그런데도 우리 주위에는 성공한 경우보다 실패를 하는 사람이 더 많다. 우리는 왜 실패라는 굴레를 벗어나지 못하는 것일까? Carole Hyatt와 Lynda Gottlieb가 공동집필한 〈When Smart People fail〉이라는 책에는 실패하는 다양한 이유가 기술되어 있다.

서투른 대인기술이다.

인간관계를 성공적으로 이끌어 갈 수 있는 사교적 능력을 '대인기술'이라 한다. 첫 만남에서 타인에 대한 관심과 호의, 부드러운 인상, 자신의 정보 전달이 필요하다. 뭔가 말은 걸어야 하고 마땅히 할 말이 없을 때 재치를 이용한다. 이제는 지위고하를 막론하고 대인기술이 좋지 않으면 어떤 분야에 종사를 한다 해도 실패할 수밖에 없다.

적응하지 못하는 태도이다.

레이건 대통령은 긴 보고서를 싫어했다. 반면에 카터 대통령은 간단한 보고서를 싫어했다. 아무리 독특한 재능이 있다 하더라도 상사가 좋아하는 스타일로 일하는 습관을 맞추지 않으면 실패할 수밖에 없다.

강하지 못한 결심이다.

새로운 직장을 얻게 될 때에 그 직업에 전심전력을 다할 결심이 없이 '한 번 해 보다가 싫으면 그만두지'하는 태도로 임하면 실패하는 것은 당연지사다.

불운이다.

아무리 똑똑하고 영리한 전문가라 할지라도 불가항력적인 환경의 돌출로 인하여 실패를 할 수 밖에 없는 경우가 있다. 불가항력적인 불운으로 실패를 하게 될 때에는 본인의 무능력을 탓하지 말고 훌훌 털어버리고 다시 일어서는 새 결심이 필요하다.

자멸행위다.

어떤 사람은 직장에서 상사와 심한 말다툼을 해서 퇴출을 당하기도 한다. 그런 사람은 직장을 바꿔도 같은 일이 반복된다. 상사와 다투고 오래 직위를 지탱할 사람이 몇 명이나 되겠는가? 그런 행위야 말로 자멸행위이다.

집중력 부족이다.

두 마리의 토끼를 잡으려고 하면 한 마리도 못 잡는다. 실패의 고배를 마시지 않으려면 원하는 목표를 정하고 그 목표를 향해서 전력을 기울여야 한다. 귀가 얇아서도 안 된다. 주위의 이야기를 듣고 솔깃하여 하던 일을 다른 일로 바꾸는 태도는 실패를 스스로 자초하는 행위다.

경영능력의 부족이다.

하나에서 열까지 손수 챙기려는 과대경영인은 나무를 세다가 숲을 보지 못하여 회사를 약화시키고, 반대로 지나치게 상세한 일까지 참견을 하는 경영인은 직원들의 사기를 떨어뜨린다.

06

부러지지 말고 휘어지라

연일 청년실업과 함께 일자리 창출문제가 언론을 통해 전달되면서 사회적으로 큰 이슈가 되고 있다. 사회 진출 초기부터 기가 꺾여 사는 모습이 안타깝다. 이런 세태에 금수저, 흙수저 이야기도 나오고 있다. 그 누가 흙수저로 태어나고 싶을까……

직장 구하기가 하늘의 별 따기보다 어렵다고 한다. 현재 다니고 있는 직장인들도 가시밭길이라고 한다. 언제 권고 사직당하던지 아니면 명퇴 신청 명단에 있을지 모른다고 불안해 한다. 출판업을 직접 운영하기 이전 저자 역시 동종 업계 직장인이었다.

많은 수주를 받고 보상으로 보너스를 받을 때는 무척 즐거웠고 회사 다니는 보람도 느꼈다. 그러나 가끔은 사장이 부러웠다. 내 월급은 쥐꼬리 같고 나머지 이윤은 다 사장이 갖는 것이 못마땅했다. 직접 사업을 운영해보니 역시 무척 어렵다. 직장인일 때가 오히려 그리울 때도 있다. 항상 남의 떡이 더 크게 보이는 법이 맞는 것 같다.

〈직장 神功〉이라는 책이 떠오른다. 이 책에서 가장 마음에 닿는 말이 '부러지지 말고 휘어져라'라는 글귀였다. 책의 저자는 많은 직장인들은 "나 회사 안 갈래!"라는 말을 날마다 속으로 외치며 직장을 다닌다고 한다. 만일 그때 누가 '왜?'라고 물어 보면 '비전이 안 보여', '경쟁이 너무 치열해', '딴 일을 하면 돈 좀 벌 것 같아'라는 말이 쉽게 튀어나온다고 한다.

원래 직장에서 개인은 약자이고, 전반적으로 경기가 어려워지면 직장인들은 더 철저하게 약자의 입장에 서게 되어 있다. 일자리를 찾는 사람이 많아지면 회사는 '당신이 아니라도 일할 사람 많다'는 입장을 보이기 때문이다.

해고 안 당하려면 험한 꼴을 보아도 웃고, 비굴한 경우도 참고, 왼 뺨을 때리면 오른뺨을 내미는 식으로 자신을 죽이고 살아야 한다. 당연히 속이 쓰릴 수밖에 없다. 박차고 나와 설령 다른 직장을 구해도 상황은 여전히 같다. 지금의 현실에서는 부러지지 말고 한번 휘어지는 자세를 취하는 것이 현명한 처세이다.

어린나무처럼 바람이 불면 잠시 누웠다가 바람이 멈추면 다시 일어선다. 고집부리고 서 있다가는 부러지게 되고 그걸로 끝이다. 그러나 휘어졌다 일어섰다 하노라면 자기도 모르는 사이 키도 크고 줄기도 굵어져 어지간한 바람에는 부러지지도 않고 웬만한 가뭄에 말라 죽지도 않는다.

힘든 여러분도 버티지만 말고 어린나무같이 잠시 누우세요. 휘어져 근무하다 보면, 어느 사이 과장으로 진급해 있을 것이고 아이들을 잘 키운 가장으로 칭송받고 있을 것입니다.

07

패러다임을 바꿔라

패러다임(paradigm)은 어떤 한 시대 사람들의 견해나 사고를 근본적으로 규정하고 있는 테두리로서의 인식의 체계, 또는 사물에 대한 이론적인 틀이나 체계를 의미하는 개념이다. 모든 사람은 자신이 속한 시대와 사회의 패러다임 속에서 성공을 향해 열심히 일한다. 그래서 성공한 사람도 많다. 그러나 역사적으로 보면 시대적 패러다임 전환을 시도한 사람이 오히려 더 큰 성공을 거둔 경우가 있다.

19세기 중반 수산업뿐 아니라 낙농업, 레스토랑, 병원 등에서 얼음이 필수품으로 사용되면서 얼음 공장은 유망 산업이었다. 한 얼음공장은 얼음을 자르는 기술과 운송 및 보관방법을 개선하여 톤당 10~20달러 하던 원가를 100분의 1로 낮추어 시장을 석권하였다. 그러나 냉동기술이라는 새로운 패러다임이 등장하면서 얼음공장은 쇠퇴하고 말았다. 냉장고가 있는데 얼음 덩어리를 자르고 운송하고 저장하는 능력을 100배 향상 시킨들 무슨 소용이 있었겠는가?

오늘날 패러다임을 바꾼 인물로 성공한 사업가는 디지털 분야에 많이 진출해 있다. 가장 주목되는 인물은 애플을 창업한 고 스티브 잡스(Steve Jobs)다. 그는 개인용 컴퓨터의 시대가 올 것이라는 패러다임의 변화를 직감하고 워즈니악(Wozniak)을 자신의 집으로 데려와서 컴퓨터를 설계하고, 차고에서 컴퓨터를 조립하여 홈브루 컴퓨터 클럽(homebrew-computer-club)에서 최초의 개인용 컴퓨터 애플을 공개하였고, 1984년에는 당시 컴퓨터 패러다임으로 인정받던 IBM에 대항하여 그래픽 사용자 인터페이스를 탑재한 애플 리사(Apple Lisa)를 내놓았다. 그리고 2007년에는 휴대전화 브랜드인 아이폰(iPhone)을 세상에 발표하면서 오늘날 디지털 세계로의 패러다임을 구축하였다.

보다 큰 변화를 원한다면 자신과 주변의 세상을 보는 방식, 곧 자신의 기본적인 패러다임 자체를 먼저 바꾸어야 한다.

08

'老靑 동거' 아세요?

닐슨코리아 왓츠넥스트(What's Next) 그룹이 실시한 사회적 관계와 소통에 관한 한국인의 인식 조사에 따르면, 한국인 10명 중 7명(69.8%)은 외로움을 느끼는 것으로 나타났다.

현대 사회에서는 사람들이 정신없이 바쁘게 살아가기 때문에 함께 만나거나 진솔한 대화를 나누기가 좀처럼 쉽지 않다. 많은 가정에서도 가족들은 집에 드나들기만 할 뿐 같이 식사를 하거나 대화를 나누지 않는다. 주로 전화 통화나 문자 또는 컴퓨터로 주고받는다. 이런 메시지로는 환한 미소나 따뜻한 눈빛을 전달할 수 없다. 그래서 이런 조사 결과치가 나온 것 같다.

이런 와중에 만혼과 비혼으로 인한 미혼 독신가구가 증가하고, 이혼 및 별거로 인한 단독가구의 증가, 그리고 고령화로 인한 노인 단독가구의 증가가 심상치 않다고 보도되고 있다. 지금의 추세라면 1인 가구는 향후 급속도로 증가하여 2030년에는 7,196,000가구에 이를 것으로 전망된다고 하니 외로움을 느끼는 세대가 더욱 증가할 것으로 예상된다.

사람은 본래 외로움을 느끼도록 진화된 존재라고 심리학 교수 존 카시오프(John T. Caciopp)는 주장했다. 영국 BBC 방송은 전 세계 5만 5천 명을 대상으로 외로움에 대한 온라인 설문 조사를 공동 진행한 결과, 외로움을 자주 느껴야 할 75세 이상 노인은 27%만이 자주 외로움을 느끼는 반면, 16~24세 젊은 층은 무려 40%가 자주 외로움을 느낀다고 답했다고 보도하면서 카시오프 교수 주장을 뒷받침했다.

문제는 외로움이 미치는 부정적 영향이다. 세계 보건기구 발표에 따르면, 비만보다 2배 더 해롭고 하루에 담배 15개비를 피우는 것만큼 위험하다고 경고한다.

학자들은 이런 위험을 회피하기 위해 사람들은 외로움을 느끼면 새로운 친구를 찾거나 다른 사람들을 만나려고 하며 생존을 위해 다른 사람들과 함께 협동하며 살려고 노력한다는 이론을 제기한다.

그러나 인간은 고대로부터 서로 관계를 맺고 살아온 사회적 동물이다. 타인과 내 감정을 공유함으로써 "외롭다"라고 토로하기도 하고 술 한잔과 더불어 지난 얘기를 나누며 외로움과 스트레스를 해소한다. 누군가 곁에 있음으로써 위로를 받는 행위 또한 적절하다.

외로움이 만연한 사회현상에서 외로움을 극복할 수 있는 새로운 풍속이 등장하고 있다. 청년과 노인이 함께 사는 '노청(老靑) 동거', 또 낯선 남녀들이 집을 공유하는 '이성(異性) 동거', 한국인과 외국인이 함께 사는 '국제 동거' 등의 형태가 있으며, 전, 월세금이 크게 부담이 되는 현실에서 다양한 형태의 주거 문화가 확산되고 있다. 기업이 원가 절감을 위하여 주문자 생산방식을 취하듯 주거비 부담을 줄이려는 청년들과 미혼 독신 세대가 늘어난 결과이다.

한 언론 매체에 따르면, 76세 할머니와 19세 학생(女)이 아파트에서 '하우스메이트(housemate)로 지내고 있다고 한다. 해당 구청이 기획한 아이디어다.

집 소유자인 홀몸의 박 할머니는 "집에 같이 사는 사람이 있는 것만으로도 큰 힘이 된다."며 활짝 웃는다. 학생이 박 할머니에게 내는 월세는 25만원. 따로 보증금은 없다. 빨래, 청소, 식사는 각자 알아서 해결한다. 할머니는 "서로의 말벗이 돼 줄 함께 사는 사람이 있다는 게 정말 고맙다."라고 말했다.

09

커피숍 스탬프

누구나 지갑속에 프랜차이즈 커피숍이건 동네 작은 커피숍이건 작은 명함 사이즈의 쿠폰 하나쯤은 있을 것이다. 커피숍에 가면 한 번 주문할 때마다 스탬프를 찍어 준다. 도장이 ○○개 되면 무료로 커피 한 잔을 준다는 고객 유치 전략이다. 업주 입장에서 과연 매력이 있는 수단인가? 이에 관한 흥미로운 보고서를 소개한다.

이런 홍보 방식을 란 키베츠(Ran Kivers)라는 교수는 동네 커피숍에서 실험을 실시했다. 쿠폰은 스탬프 10개 짜리와 12개 짜리가 있는데, 쿠폰이 채워지면 무료 커피나 제과 제품을 받는다.

재미있는 것은 12개 짜리 쿠폰에는 미리 2번 도장이 찍혀 있다. 따라서 어떤 쿠폰이든 10번을 받아야 하는 것은 같다. 두 쿠폰이 제공하는 유인책은 동일하지만 실험에서 이미 2개의 스탬프가 찍힌 12개짜리 쿠폰을 받은 고객들이 무료 커피를 얻는데 걸린 시간은 평균 12.7일인 반면에, 10개짜리 쿠폰을 사용한 고객들은 무료 커피를 얻기까지 평균 15.6일이 걸렸다. 12개짜리 쿠폰을 받은 고객들이 무료 커피를 얻는데 걸린 시간을 20% 정도 단축한 것이다.

스탬프 12개짜리 쿠폰은 사람들에게 이미 목표의 6분의 1을 달성했다는 착각을 불러일으킨 것이다. 경제에서는 이를 '당근책'이라 부른다.

유의해야 할 점이 있다. 당근책이 항상 유익한 것만은 아니다. 영화로도 만들어진 '머니볼' 이론이 있다. 당근으로 인생을 실패한 야구 선수 이야기다.

당사자인 빌리 빈(Billy Beane)은 1980년 고교 졸업 후 드래프트 1순위로 뉴욕 메츠에 입단했다. 순전히 돈에 이끌린 선택이었다. 하지만 금전에 따른 당근책은 오래가지 못했다. 별다른 활약 없이 여러 팀을 전전하다 결국 은퇴했다. 지도자로 변신해 오클랜드 어슬레틱스 단장을 맡고, 이른바 '머니볼' 이론(선수 모집·육성에 통계학을 접목한 독창적 이론)으로 만년 하위팀 오클랜드를 정상

권에 올려놓은 것이다. 그의 활약을 지켜본 명문 구단 보스턴 레드삭스가 스카우트에 나섰지만 "내 인생에서 단 한 번 돈 때문에 결정을 내린 적이 있소(뉴욕 메츠로 간 일). 그 후 나 자신한테 다시는 그런 일을 하지 않겠다고 맹세했소"라고 말하면서 좋은 자리를 거절했다.

10

스타벅스 프라푸치노

요 _{사이} 거리를 거닐다 보면 정말 커피전문점이 많다. 바야흐로 커피전문점은 춘추전국시대다. 옛날 길거리를 도배했던 ◇◇다방도 지금과는 비교가 되지 않는다. 길거리 자판기까지 있으니 말이다. 인터넷을 보니 전문점 이름 종류가 50개를 넘는다.

레드오션의 시장 상황 속에서 점주들은 소비자들에게 좀 더 특별하게 각인 될 수 있도록 각자가 추구하는 방향이나 전략 등을 브랜드명에 담아내기 때문에 다양한 이름이 생겨났다. '스타벅스'라는 브랜드 이름이 탄생 된 배경을 설명한 블로그를 소개하고자 한다.

커피전문점의 대명사인 스타벅스 커피의 스타벅(Starbuck)은 소설 속 등장인물 이름이다. '모비딕(Moby Dick)'이라는 소설 속 항해사로 다정다감한 선원으로 등장한다. 소설은 하얀 고래인 모비 딕을 잡기 위해 사투를 벌이는 내용이 주된 줄거리이며 작품 속에서 그는 커피를 너무 좋아한다고 묘사되어 있다. 로고에 나오는 여자는 그리스 신화에 나오는 바다의 인어 세이렌(Siren)이다. 그녀는 아름다운 노랫소리로 지나가는 배의 선원들을 유혹하여 죽게 하는 것으로 알려졌는데 이처럼 사람들을 홀려서 스타벅스에 자주 오게 만들겠다는 뜻이 담겨있다. 사업가라서 그런지 이런 이름 작명보다는 영업 방법이 눈길을 끈다.

사무실 근처 스타벅스 커피점에서 프라푸치노(Frappuccino)가 50% 할인되는 기간이었다. 단 일정 기간, 일정 시간대에 국한된 행사였다. 할인되는 해피 아워(Happy hour) 시간을 발견한 직장 내 김 부장은 오후 3시가 되면 스타벅스 매장을 방문하곤 한다. "가격도 저렴하고 정말로 맛있다."라고 자랑을 한다.

행사 마지막 날 나도 따라가 보았다. 벌써, 지하 1층의 스타벅스 매장에 긴 행렬이 있었다. 문득 궁금증이 생겼다. 스타벅스는 왜 이런 행사를 할까? 고객들 입맛을 변하게 만들어 고객들이 그 맛을 찾아 재구매하게 만드는 효과를 노리는 것은 아닐까? 나 같으면 정상 가격으로 돌아가면 안 사 먹을 것 같은데….

궁금하여 매장 총지배인에게 물어보았다. 그에게서 들은 이야기 결론부터 말하자면, 고객들이 재방문하는 경우가 많아 초기에는 손해지만 궁극적으로는 '양떼(herding) 현상'으로 인하여 매출 이익이 상승한다고 한다. 양떼 현상이란 양은 앞의 동료 엉덩이만 보고 걷기 때문에 앞에 가는 양이 절벽에 떨어져도 위험을 감지하지 못하고 뒤따라 떨어진다는 현상을 뜻한다. 한번 입맛을 들이면 계속 찾게 된다는 의미다.

지배인은 설명한다. "스타벅스 프라푸치노 할인 행사를 시작하면 초반에는 경쟁사 커피값과 별 차이가 없어 방문객이 증가하고, 이에 따라서 보통 때보다 매출액이 크게 증가해요. 물론 행사 기간이 끝나면 일시적으로 매출은 뚝 떨어집니다. 그러나 할인 행사 동안 형성된 양떼 고객으로 인하여, 매출은 정상으로 돌아오고 고객 관리만 잘하면 매출은 과거보다 훨씬 더 클 수 있다고 믿기 때문에 이런 행사를 해요."

11

친구가 재산이다

인생의 반을 뒤돌아보니 직업상 많은 사람을 만났다. 특히 많은 동년배를 만났는데 대부분 나보다 돈이 많고, 자식 농사를 잘 지었고, 골프도 잘 치고, 좋은 차를 타고, 사회적으로 성공하고 등등 나보다 잘난 사람들이다. 과연 이들은 나에게 좋은 친구일까? 그냥 커피나 한 잔하는 지인일까?

철학자 아리스토텔레스는 친구는 제2의 재산이라고 했다. 친구들 중 나를 사랑하는 친구, 배신한 친구, 나에게 무관심한 친구로 세 종류가 있다. 나를 사랑하는 친구는 내게 사랑과 자비를 가르치고, 나를 배신한 친구는 내게 조심성과 바른 삶을 안내해주며,

내게 무관심한 친구는 자립심과 홀로서기를 학습하게 한다. 그래서 친구란 무조건 또 하나의 재산이다. 스스로 하기 나름이다. 더구나 좋은 친구면 얼마나 더 행복하겠는가?

좋은 친구는 좋은 차(茶)와 같아서 쓴 맛이 없고 향기로움이 느릿느릿 다가와 오래 머물고 항상 떠오르는 사람이다.

중국 당나라 시대 명장 '설인귀(薛仁貴)'가 있다. 어려서 가난해 농사를 지어 먹고 살았으며, 기와를 굽는 가마 속에서 친구인 '왕무생(王茂生)'에게 의지하며 살았다. 훗날 당 태종 '이세민(李世民)'을 따라 동방 정복을 꾀할 무렵에는 '평요왕(平遼王)'이라는 벼슬에 봉해지는 출세를 하였다. 당연히 각종 예물을 가지고 찾아와 청탁을 하는 문무백관이 줄을 이었다. 그러나 그는 모두 사양하여 되돌려 보내고 유일하게 받아들인 예물은 바로 평민이며 친구인 '왕무생'이 보내온 단지술이었다.

술단지를 열어본 집사는 술은 없고 맹물만 가득한 단지를 발견하고 '왕무생'에게 엄한 벌을 내려 달라고 간청한다. 그러자 '설인귀'는 화를 내기는 커녕 그 술 단지를 가져오게 하고 부하들 앞에서 단숨에 세 단지의 물을 모두 마셨다. 물을 다 마신 후에 '설인귀'는 그 이유를 모르는 문무백관들에게 과거에 그가 어렵게 살 때의 상황을 이야기하면서 친구 '왕무생'이 없었다면 오늘날 자기의 부귀영화도 없었을 것이라며, 친구가 보낸 맑은 물을 마신 이유를 설명했다. 친구가 보낸 맑은 물은 바로 친구의 아름다운 마음임을 알기 때문이라고 부언했다. 이것이 바로 군자지교담여수(君子之交淡如水)다. 군자들 사이의 우정은 담담한 것 같이 보이지만 맑은 물과 같이 순수하다는 뜻이다.

좋은 친구란 어떤 친구인가? 나름대로 생각해 본다.

좋은 친구란?

내 마음을 속속들이 잘 알고, 나를 무조건 이해해주고 세상이 나를 버리더라도 포용해 주는 벗이다.

좋은 친구란?

나와의 관계에 있어 돈보다는 마음을, 잘남보다는 겸손을, 배움보다는 깨달음을 주는 벗이다.

좋은 친구란?

나를 대함에 있어 계산이 없고 조건이 없고, 어제와 오늘이 다르지 않은 흔들림이 없는 벗이다.

좋은 친구란?

내가 길을 잃었을 때 두 손이 되어주고, 고통스러울 때는 어깨가 되어주며, 절망하고 실패했을 때는 도망가지 않고 위로해주는 사람이다.

좋은 친구란?

내 명예를 빌어서 자기의 광채를 더하려 하지도 않고 나를 귀하게 여길 줄 알고 내 마음을 소중히 할 줄 아는 사람이다.

글귀를 읽고 이런 사람이 떠오르면 당장 전화해서 오늘 저녁에 만나세요. 그 사람이 바로 좋은 친구이며 당신의 또 다른 재산입니다. 자신의 재산은 지켜야지요?

12

반려동물 시대, 기회인가? 문제인가?

"**성**적 올리면 강아지 사 줄께!"

많은 가정에서 익숙하게 들리던 소리다. 강아지는 여러 이유로 우리 가족들의 막내가 되었고, 그 시장은 점점 커지기 시작했다.

그러던 것이 이제는 반려동물 천만시대다. 강아지로 대변되던 반려동물 시장은 고양이, 관상어, 파충류 등 종류도 다양해지고 시장의 크기도 엄청나게 급성장했다. 반려동물의 생필품들을 정기적으로 배송해주는 서브스크립션 서비스 기업들도 생겨나기 시작했고, 반려동물들을 위한 IOT 제품들도 다양하게 시장에 나타나기 시작했다.

그러면 예전의 강아지 시장과 현재의 반려동물 시장은 어떤 차이가 있을까?

단적으로 이야기하면 대한민국 1인 가구의 급성장이 반려동물 시장의 급성장을 가져왔다. 인간은 사회적 동물이다. 홀로 사는 사람들은 따스한 체온을 느낄 수 있는 누군가가 필요했으며, 가족의 막내로써 내 이야기를 들어주고 외로울 때 함께 웃고 우는 유일한 가족으로 반려동물을 선택하기 시작했다. 외출을 즐기지 않고, 조용히 나와 눈맞춤을 해 주는 고양이는 특히 1인 가구 여성들에게 인기가 많은 동물이다.

이제 많은 숙박업소와 카페 사장님들이 고민을 하기 시작했다. 애견 카페들이 늘어나고, 가족 단위의 펜션들이 반려동물과 함께하는 곳으로 리모델링을 하고 있다. 인간을 고려한 것인가, 반려동물들을 고려한 것인가.

뉴스에 자주 나오는 인공지능 로봇 반려동물 시장이 언제 커질지, 아니 시장자체가 형성될지 나는 아직 알 수가 없다. 하지만 처음에는 어색했던 "헤이~ 카카오", "시리야~" "빅스비!!" 이런 로봇을 부르는 외침들이 젊은 층에게는 더 이상 어색하고 쑥스러운 외침이 아니다.

시장은 변한다. 그리고 이러한 변화의 첫 물결이나 두 번째 물결을 타지 못하면 우리는 변하는 시장을 보며 한숨을 쉬고 있을 수밖에 없을 것이다.

오늘도 천만 반려동물이 우리와 함께 살아가고 있다. 결혼을 할지 말지, 아이를 낳을지 말지, 강아지와 함께 살 것인지, 고양이와 함께 살 것인지…

대한민국 청년들의 선택을 주의깊게 살펴보자.

13

알파고(인공지능) 데이터 자본

기계가 인간을 뛰어넘을 수 있을까. 또 인간은 기계의 도전을 막아낼 수 있을까. 세계 바둑계를 뒤흔든 이세돌 9단과 알파고의 대결이 있은 지 벌써 3년이 지났다. 그 당시 5판을 두었는데, 이세돌 9단이 단 한 판을 이겨서 겨우 체면치레를 한 것으로 당시에는 평가했다. 그러나 요즘 알파고의 발전 속도를 보면 인간이 이길 수 있는 거의 마지막 기회였다는 평가도 있다.

지금은 데이터를 활용한 인공지능 기술이 산업계 전반에 적용되면서 대중의 관심도가 증폭하고 있다. 기계가 범접하지 못할 것이라고 믿은 인간 고유의 능력에 대한 인식도 많이 바뀌고 있다.

기계와 사람 간의 대결이 이루어지는 시대가 왔다. 삶의 경쟁에서 인간 뿐 아니라 기계까지 경쟁자로 추가되다니. 세상이 바뀌어 가는 격동기에 있는 기분이다.

현대 기업은 데이터 혁명에 맞춰 변화에 앞장서고 있다. 방대한 양의 데이터를 활용해 의사결정 과정에 적극적으로 개입한다. 구글은 사용자 검색 기록을 토대로 맞춤형 광고를 내보낸다. 음원 스트리밍 서비스 스포티파이는 사용자가 전에 들었던 곡을 기반으로 음악 성향을 추론해 곡을 추천해준다.

'빅데이터 권위자'로 불리는 빅토르 마이어 쇤베르거(Viktor Mayer Schonberger) 교수는 "자본이 된 데이터가 기업은 물론 금융과 노동, 정부의 역할과 시장의 개념까지 바꿔놓을 것"이라고 주장한다. 그는 자신의 저서 〈데이터 자본주의〉에서 일본 후코쿠생명과 인공지능 스타트업 사베르(Saberr)를 예시로 들었다.

후코쿠생명은 IBM이 개발한 인공지능 왓슨(watson)에 보험 청구 평가를 맡기고 관련 부서 인력을 줄였고, 사베르는 성격 분석 알고리즘을 개발, 업무 궁합이 맞는 사람들을 모아 최적의 팀을 만들어주는 서비스를 제공하고 있다. 이처럼 지금은 어떤 결정을 기계에 위임할 것인지를 정하고 데이터의 힘을 빌려 최적의 결정을 내린 다음 서로 협업하는 방식으로 일해야 하는 시대다. 당연히 자본주의의 기둥이 변하는 시대다.

초기 자본주의 기초는 노동(Labor)과 자본(Kapital)이기 때문에, 자본주의는 f (L, K)라는 등식으로 설명되었다. 그 후 이 등식이 성립되는 시대는 지나고 에너지(Emergy), 기술(Technology), 지식(Knowledge)이 추가된 f (L, K, E, T, K) 시대라고 소개되는 서적이 출간되더니, 지구가 뜨거워지고 있다면서 기후와 물 같은 자연자원이 보존되는 지구 생태계(Ecology) 개념이 추가된 등식 f (L, K, E, T, K, Ec)가 적합하다는 서적이 등장하였다. 급기야 최근에 와서는 '데이터'가 자산(asset)이므로 데이터를 처리하는 '딥 러닝(Deep Learning)'이라는 인공지능이 변수로 추가되어야 한다는 주장이 확장되고 있다.

데이터가 자산으로 증명된 사례는 이미 오래전에 있었다. 미국에 거주하는 중국인 금융전문가 쑹훙빙(宋鴻兵)은 자신의 저서 〈화폐전쟁〉에서, 워털루 전투의 결과를 먼저 알게 된 자본가가 영국 국공채의 매매를 통해 엄청난 부를 축적해 세계 금융을 지배하는 큰 손이 되었다고 데이터 자산의 사례를 소개하였다. 당시는 일부 특권층에 데이터가 집중되었지만, 지금의 현실은 데이터가 대중화되었다. 데이터를 자본으로 도입해야 한다고 주장하는 자들은 이를 '알파고 데이터 자본' 또는 '딥 러닝(Deep Learning)' 자본이라 부른다.

14

메모의 기술

메모는 일을 효율적으로 하기 위한 수단이자 자신 생각과 중요성을 보여주는 재산이다. 우리가 훌륭하다고 생각하는 사람들 중 레오나르도 다 빈치(Leonardo da Vinci), 토머스 에디슨(Thomas Edison), 에이브러햄 링컨(Abraham Lincoln), 빌 게이츠(Bill Gates) 등은 성공의 비결 하나로 '메모하는 습관'을 공통적으로 지적한다.

지금처럼 스마트폰으로 모든 정보를 알 수 있기 이전에는 작은 수첩에 만나는 사람들의 연락처나 약속 그리고 잊어버리기 쉬운 기억들을 놓치기 전에 적어 놓았다. 그러나 사회가 디지털화되면서 이런 훌륭한 자산인 메모의 습관은 사라지고 있어 안타깝다.

작지만 사람을 변화시킬 수 있는 강력한 힘이 되는 메모와 관련된 〈메모의 재발견〉이라는 서적을 읽게 되었다. 저자인 사이토 다카시는 아날로그 메모를 단순히 자료나 정보를 저장하는 차원을 넘어 논리적 사고를 키우고 아이디어를 발견하며 삶의 생산성을 높이는 도구로서 중요함을 자세히 설명한다. 그는 심리학자들의 연구를 비롯한 많은 연구를 통해 증명된 직접 손을 움직이는 메모를 강조하는데, 세상이 디지털화될수록 이런 습관을 게을리하지 말아야 한다고 강조한다. 그 이유로 사람은 머리와 손이 서로 밀접하게 연결되어 있기 때문이라고 지적한다. 똑같은 강의를 들으며 손으로 직접 메모한 사람과 노트북으로 내용을 타이핑한 사람을 테스트한 실험 분석에서, 손으로 필기한 쪽이 강의의 핵심 메시지를 더 잘 이해하는 것으로 밝혀진 연구 결과가 있다. 즉 손이 멈추면 뇌도 멈추고, 그만큼 생각을 하지 않게 된다는 사실을 증명한 것이다.

메모의 기술을 소개한다.
- 언제 어디서든 메모하라.
- 주위 사람들을 관찰하고 메모하라.
- 기호와 암호를 활용하라.

- 중요한 사항은 한 눈에 보이게 하라.
- 메모를 데이터베이스로 구축하라.
- 메모를 재활용하여 교훈을 얻어라.
- 처리할 일의 리스트를 작성하라.
- 일의 우선 순위를 정하여 메모하라.
- 일정이 변경될 때를 대비하여 계획을 세워라.

'그런 말을 들어 본 것 같기도 하고…….'와 같은 상태라면 결과적으로 듣지 않은 것과 매한가지다. 정보란 필요할 때 언제든 꺼내 쓸 수 있어야 한다. 이 점이 무엇보다도 메모가 주는 기술이다.

사람들은 창의적인 아이디어는 어느 날 갑자기 번뜩 떠오른다고 생각한다. 사실은 그렇지 않다. 사소한 깨달음과 깊이 있는 생각들이 메모장에 차곡차곡 쌓여 있어야 쓸 만한 아이디어로 발전하는 것이다. 역설적이기에 빌 게이츠는 종이 위에 직접 필기를 하는 것이 아이디어를 찾는 방법이라고 생각했다. 그래서 그는 다빈치 노트를 340억 원에 낙찰 받았던 것이다.

메모를 사사롭게 생각하지 말고 창의적인 창출의 샘물임을 잊지 말아야 한다.

15

인생 Show의 주인공은 바로 나

라 이프 오브 파이(Life of Pi)는 거센 폭풍우로 가족을 모두 잃은 파이라는 소년이 227일 동안 태평양에서 뱅갈 호랑이와 단둘이서 표류하면서 겪은 여정을 그린 영화다.

비평가들은 한 인간이 망망대해라는 불안하고 절망스러운 환경에서 스스로를 통제하고 맹수를 길들이면서 살아가는 의지를 잘 그린 작품이라고 이 영화를 만든 이안 감독을 높이 평가하였다. 이런 평가와 관련하여 이안 감독이 한 언론과의 인터뷰에서 한 말이다. "모든 사람은 인생이라는 쇼(show)에서 자기 자신을 연출하면서 사는 것 아닙니까? 연출을 잘해서 환호를 받기도 하지만,

실수하면 악평을 받기도 합니다. 어찌되었든 이 작품을 통해 칭찬을 받으니 감사하고 자만하지 않고 부단히 노력해야겠다는 생각이 절실히 듭니다." 인터뷰 기사를 읽은 후 그의 말에 고개를 끄덕였다. 과거를 돌아보면 나 역시 '나의 인생'이라는 쇼에서 연출을 잘하면 환호를 받았고 실수하면 악평을 들었기 때문이다.

최고의 연출자라고 불리는 위치에 오른 사람이라도 쇼 무대에서 환호받지 못하고 막을 내리기도 한다. 세상은 냉혹하여 두세 번의 악평으로 쇼 무대에서 이름조차도 사라질 수도 있다. 그렇다고 악평에 기죽지 말자. 악평도 나에게 관심이 있으니 나오는 격려다. 노력하면 또 다른 연출로 다시 유명인이 될 수 있다. '세상사 아무도 모른다.'라고 하지 않는가.

가장 불행한 것은 어떤 관심도 받지 못하고 이름 석 자도 세상에 알리지 못하고 사라지는 것이다. 후회하지 않을 '인생 쇼'를 연출하기 위해서는 필요에 따라서는 한 걸음 물러설 줄 알아야 하고, 내가 수퍼맨이 될 수 있다고 믿어 주는 친구들의 우정과 격려를 받는 연출을 하면 성공한 연출자다. 이름 석 자를 남기고 미래의 꿈도 키우는 인생 쇼를 연출해 보는 건 어떨까.

나와 절친한 지인이 있다. 결혼을 잘하여 손에 물 한 방울을 안 묻히는 인생 쇼를 연출하며 산 여성이다. 그의 남편은 큰 회사를 직접 경영했기에 경제적 어려움도, 큰 걱정도 없이 살아왔다. 그런데 어느 날 남편이 사기를 당하는 바람에 사업도 실패하여 졸지에 하루하루를 걱정하는 신세가 되었다.

초기에는 나쁜 사람이 많다고 세상을 저주하면서 그 사이 자신에게 신세 진 사람들이 도와주지 않는다고 원망하면서 보냈으나, 어쩔 수 없이 쉰이 넘은 나이에 처음으로 직장 생활을 시작했다. 대형 마트에서 식품을 홍보하면서 판매하는 시간제 아르바이트였다.

막상 일을 시작했지만 직장 생활의 경험도 없으니 활동이 버겁기만 했다. 우선 모르는 사람들에게 먼저 인사하고 물건을 팔기 위해 말을 붙여야 한다는 게 쉽지 않았고 무엇보다도 아는 사람을 만날까 봐 두려워했다. 며칠이나 자신을 자학하다가 그녀는 마음을 굳게 고쳐먹었다. 내 인생의 쇼는 내 연출에 달렸다는 사실을 깨달은 것이다.

"내 생활이 어려워진 것은 내가 연출을 잘못한 것이고, 이곳에서 일하고 있는 것 또한 절대 부끄러운 일이 아니며, 아직 건강하고 일할 수 있으니 감사한 일이 아닌가. 내 인생은 내가 만들어 가는 것이야. 내 인생의 연출자는 바로 나야."라고 스스로 다짐했다.

우연히 만난 자리에서 그녀는 나에게 말했다. "내 인생이라는 쇼를 새롭게 연출하니 다시 봐 줘"라고. 그녀에게 박수를 보낸다.

16

오늘이 바로 특별한 날

몇 해 전 한 친구와 이야기를 하고 있었다. 그때는 그 친구가 부인과 사별을 한 지 얼마 되지 않은 때였다.
부인의 물건들을 정리하다가 실크 스카프 한 장을 발견했다고 한다. 그것은 그들이 뉴욕을 여행하던 중에 유명 매장에서 구입한 것이었다. 아주 아름답고 비싼 스카프여서 부인은 애지중지하며 차마 쓰지를 못한 채 특별한 날만을 기다렸다고 한다.

친구는 이야기를 여기까지 하고 말을 멈추었다. 잠시 침묵이 흐르고 친구가 말을 이어갔다. "절대로 소중한 것을 아껴두었다가 특별한 날에 쓰려고 하지 마. 네가 살아있는 매일 매일이 특별한 날들이야"라고 말했다. 오지도 않는 그 특별한 날을 기다리다 스카프를 사용도 못해보고 먼저 세상을 떠난 부인에 대한 안타까움을 전하려고 한 말이었던 것이다.

　얼마간 세월이 지난 후에 친구를 다시 보게 되었다. 그는 자신의 생활이 더 이상 예전 같지는 않다고 하였다. 나중에 아주 특별할 때 쓰려 했던 아름다운 도자기 잔들을 모두 장식장 안에서 식탁 위로 옮겼다고 하였다. 그 날이 오지 않는다는 것을 알았고, 지금 눈뜨고 살아있는 이 순간이 특별한 그 날이라는 사실을 실천에 옮기고 있다고 한다.

　곰곰이 생각해 본다. 우리는 종종 옛 친구들의 전화를 받고 "오늘은 좀 그렇네. 다음 기회에…"라고 핑계를 대며 말한다. 다음 기회라는 특별한 날은 잘 안 올지도 모른다. 또, 내세가 먼저 올지 내일이 먼저 올지 아무도 모른다는 말도 있지 않은가. 왠만하면 친구를 무조건 만나야겠다는 다짐을 해 본다.

　매일 아침 우리가 눈을 뜰 때마다 '오늘이 바로 특별한 날이다'라고 스스로 말해야 한다. 매일 매 시간 지금 이 순간이 모두 그렇게 특별하고 소중한 것들이기 때문이다.

17

숫자가 알려주는 삶의 지혜

아랍 국가에 널리 알려진 이야기다. 솔로몬과 버금가는 한 지혜로운 재판장이 있었다. 그의 지혜는 온 나라에 널리 알려져 있었다. 어느 날 게으른 가게 주인이 가게 물건이 자꾸 없어지는데, 그 도둑을 잡을 수가 없다고 재판장에게 털어놓았다.

재판장은 가게 주인에게 가게의 문을 떼어서 시장 한가운데로 가져오라고 하고 그 문을 50번 회초리 치라고 했다. 이유는 문이 자기의 의무를 제대로 감당하지 못했다는 것이다. 이상한 재판장의 판결이 시행되는 것을 보기 위해서 많은 사람이 모였고, 문에다 회초리를 50번 가한 후, 재판장이 문에다가 "누가 도둑이냐?" 묻고는 문에다가 귀를 바싹 갖다 대었다. 그 후 일어서면서 큰 소리로 "이 문이 도둑이 누구인지 나에게 말했는데, 도둑은 터반 위에 거미줄이 쳐 있는 자라고 한다."라고 소리쳤다. 이때 군중 한 사람의 손이 자기의 머리 위로 올라갔고, 그 사람을 잡아 그의 집에 가 보았더니 아니나 다를까 훔친 물건들로 가득 차 있었다라는 이야기다.

이같이 지혜로움은 삶의 과정에서 매우 중요하다. 그래서 어리석은 자에게는 '불행'이란 단어가 붙고, 지혜로운 자에게는 '행복'이란 단어가 항상 붙는다. 다산 정약용(丁若鏞)은 "어리석음은 개인만 불행하게 만드는 것이 아니라, 사회나 국가까지 불행하게 만든다. 무능하고 무식한 관리가 백성에게 끼치는 해악은 산적 떼가 백성에게 끼치는 해악보다 더 크다"라고 말했고, 고대 그리스의 작가 소포클레스(Sophocles)도 "어리석은 무지가 있는 곳에는 불행이 있고, 총명한 지혜가 있는 곳에는 행복이 있다."라고 말했다.

우리는 지혜와 관련하여 비슷하게 '그 사람 참 슬기로워'라고 말하는 경우가 있다. 독자 여러분 이 말의 차이점을 아십니까? 차이가 있다면 '지혜'는 어원이 한자어이며 '슬기'는 우리말이다. 또한 지혜는 종교에서 많이 쓰이는 단어이므로 사람의 정신 세계와 보다 밀접하다고 할 수 있을 것 같다. 자신의 인생을 효율적이고 유효하게 관리하는 지혜에 관하여 숫자로써 풀이한 재미있는 Tip을 소개한다.

1만 하지마라. (때때로 자신의 인생을 즐겨라.)
2일 저일 끼어들지 마라. (한번 실패하면 골로 갈 수 있다.)
3삼오오 놀러 다녀라. (인생은 외로운 존재이니 어울려 다녀라.)
4생결단 마라. (여유를 갖고 살아라.)
5케이(OK)를 많이 하라. (되도록 입은 닫고 지갑은 열어라.)
6체적 스킨십을 즐겨라. (스킨십 없이 홀로 지내면 빨리 죽는다.)
70%에 만족하라. (올인하지 말고 황혼의 여유를 가져라.)
8팔하게 운동하라. (인생은 짧으니 게으르지 말아라.)
9차한 변명을 삼가라. (변명하면 사람이 몹시 추해 보인다.)
10일조 헌금을 친구(동료)에게 해라. (노년에 가장 소중한 벗이 자산이다.)

18

모든 일은 마음이 맑아야...

"**천**재처럼 생각하기"라는 책을 읽었다. 작가가 실제 천재라 그런지 책 내용이 난해하다. 그러나 앞으로의 내 삶에 도움이 될 지혜를 얻어 독자에게 전하고 싶다.

내가 얻은 희망은 다름 아닌 '내가 천재가 아닐지라도 아리스토텔레스나 아인슈타인과 같은 전략을 사용하여 창의적인 마음과 미래를 더 잘 관리할 수 있다'는 자신감이다.

저자는 다음의 여덟가지 전략을 활용해 보라고 권한다. 이 전략은 천재들의 생각 방식에 공통된 것으로 우리로 하여금 생산적으로 생각하게 해준다고 한다.

1. 다양한 방식으로 문제를 보고 사람들이 한 번도 생각해 보지 못한 새로운 관점을 찾아보라 레오나르도 다 빈치(Leonardo da Vinci)는 문제에 대한 지식을 얻기 위해 많은 다른 방식으로 문제를 재구성하는 방법을 배웠다고 한다.

2. 시각화 하라 아인슈타인(Albert Einstein)은 문제를 생각했을 때 도표를 포함해서 많은 다른 방법으로 자신의 생각을 공식화할 필요성을 느꼈고 그 해법을 시각화 하였다고 한다.

3. 많은 결과를 생산하라 가장 존경받는 과학자들은 위대한 업적 뿐만 아니라 많은 잘못된 것들도 만들었다고 한다. 만들다 보면 좋은 결과가 나온다는 의미다.

4. 새로운 결합을 시도하라 유전의 법칙은 오스트리아 수도사 멘델로부터 기반이 되었는데, 그는 새로운 과학을 창조하기 위해 수학과 생물학을 합쳐 많은 결과를 생산하였다.

5. 닮지 않은 주제 사이에서 관계를 찾아보라 레오나르도 다 빈치(Leonardo da Vinci)는 종소리와 물을 때리는 돌의 관계를 끌어내어 소리가 파동으로 전해진다는 발견을 이끌어 냈다. 사무엘 모스(Samuel Morse)는 말을 교대해 주는 정거장이 필요해서 전신기의 신호를 위한 중계국을 발명했다.

6. 반대에서 생각하라 물리학자 닐 보흐(Niels Bour)는 "만약 당신이 반대를 결합시켰다면 당신의 생각과 마음은 새로운 수준으로 이동합니다."라고 믿었다. 반대로 생각하는 것은 새로운 무언가를 만들 수 있는 마음을 갖게 한다.

7. 은유적으로 생각하라 아리스토텔레스(Aristoteles)는 은유를 전체의 신호라 여겼다. 그리고 분리된 두 영역 사이의 유사성을 인지하고 두 영역을 함께 연결하여 표현하는 능력을 가진 사람을 특별한 사람이라고 믿었다.

8. 실패에서 배워라 사람은 실패할 때마다 다른 것을 한다. 그러나 천재는 실패 과정을 분석하고, 요소를 분석하며 어떻게 바꿀지 고민하고 다른 결과를 도출한다.

그러나, 무엇보다도 중요한 사실을 저자는 지적하고 한다. 이러한 전략들도 마음이 맑을 때만 성공한다는 것이다. 유리창이 깨끗할 때 사물들을 뚜렷하게 볼 수 있듯이 우리 마음이 맑아야만 제시한 전략들이 성공할 수 있다고 한다. '맑은 마음 이것이 천재처럼 생각하는 첫 단추'라고 단언한다.

19

자만하지 않는 반성

사람은 누구나 가끔 실수하기 마련이다. 그러면 "잘하다 왜 그랬어?"라는 핀잔을 듣게 된다. 그런데 그 원인을 들여다 보면 큰 일을 할 경우는 긴장을 하여 실수는 안하는데, 작은 일일 경우에는 긴장이 풀렸기 때문인지 실수가 일어난다.

문제는 이런 실수는 '이런 작은 일로 뭘, 별거 아닌데…'하고 무시하던가 아니면 이런 저런 변명으로 자신을 합리화 하는데 있다. 지속적인 물방울로 바위에 구멍이 생기듯이 반성이 없으면 내 자신 신용이 떨어지게 된다. 이것이 '반성'의 힘이다.

사람은 누구나 자기만의 아집과 편견, 고정 관념에 둘러싸여 있고 스스로 그 알을 깨고 나오려고 하지 않는다. 남이 지적해야만 반성의 기회를 갖는다. 그러나 '스스로 알을 깨고 나오면 한 마리 생명력 있는 새가 되고 남이 깨주면 1회용 후라이 밖에 안 된다.'라는 말이 있지 아니한가...

    반성을 하면 근심, 걱정, 불안한 마음이 다 사라진다. 반성에도 유의해야 할 점이 있다. 마이클 프레제(Michael Frese)에 따르면 반성에는 크게 두 가지가 있다고 한다. 하나는 실수 예방이고 다른 하나는 실수 관리다. 사실상 실수 예방은 불가능에 가깝다. 전문가들도 실수를 저지른다고 한다. 보다 중요한 것은 반성을 통한 실수 관리이다.

20

스시의 변화

필자는 최근에 어휘 변화에 생소함을 느낀다. 세대 차 인가? 요즘 받아보는 문자를 보면 이상한 부호부터 줄임말까지 그 뜻을 짐작하기 어려운 말이 많다. 지인 교수는 "어휘는 의사소통에 있어 기본이며 문법 없이도 소통은 가능하다. 또 어휘 없이는 의사소통이 불가능하며, 우리가 일상생활 속에서 사용되는 어휘는 시대적 상황에 맞추어 생겨나고, 의미 또한 시간과 공간 속에서 끊임없이 확장되기도 하고 축소되기도 하면서 변한다."라고 설명해 준다.

지인 교수로부터 재미있는 이야기도 들었다. 우리가 자주 사용하는 '흥청망청'이란 어휘는 연산군 때 생긴 어휘라고 한다. 연산군은 대신들을 보내 각지의 예쁜 여자를 뽑아 궁궐에 살게 하였다. 그 숫자는 만 명에 가까웠고, 이들 중에서 특히 용모가 예쁜 여자를 가려 뽑아 맑은 기운을 불러일으킨다는 뜻인 '흥청(興淸)'이라고 불렀고, 연산군이 흥청들과 놀아나다 망했다는 뜻에서 '흥청망청'이란 어휘가 생겼다고 한다.

섣달그믐을 가리키는 '까치 설'이란 어휘 역시 원래는 작은 설이라는 뜻으로 '아치 설', '아찬 설'이라고 불렸는데, '아치'가 '까치'가 된 것은 우리에게 친근한 새이면서 소리가 유사했기 때문이라고 한다.

우리가 아는 개(dog)라는 어휘 역시 재미있다. 원래의 의미로는 개 종류 중 어느 특별한 종만을 의미했는데 지금은 모든 '개'를 의미하는 것으로 확장되어 사용되었다고 한다.

언어가 변화하게 된 이유에는 여러 가지가 있는데, "그 언어를 사용하는 사람들이 다른 지역으로 이동 했다거나 또는 주변에서 사용되는 다른 언어와의 접촉으로 변화하는 경우가 많다."라고 지인은 설명하면서, 대표적인 사례 어휘로 '스시'를 소개한다. 사실 외국인에게 일본 요리에 관해 물어보면 대부분은 '스시'에 관해 말하는데, 그 의미가 일본 본토에서의 의미와는 달리 사용된다고 말한다.

스시(sushi)라는 어휘는 미국에서는 어떻게 변화되었을까? 본래 '스시'라는 일본 어휘는 밥 먹을 때 밥 위에 얹는 피클을 의미하며, 옛날 스시는 생선이 썩는 것을 방지하기 위해 삶고, 굽고, 간하고, 절이기 등의 조리를 한 가공품이었으나 홋카이도에서는 신선한 생선을 구할 수 있었기 때문에 날 생선을 그대로 사용하였다. 그런데 미국으로 이민 온 일본인들은 스시라는 단어를 밥 위에 두는 모든 것을 의미하는 것으로 사용하였다. 그 후 스시라는 단어가 초밥 위에 얹는 생선(raw fish)으로 변하고, 세월이 지난 후 미국 캘리포니아에서는 '스시'가 새로운 요리를 의미하는 어휘로 발전한다. 미국인들이 꺼리는 생선 대신 익힌 게살을 밥 위에 얹으면서 이를 캘리포니아 롤(California Rolls)이라고 부르는 것을 '스시'라고 한 것이다. 어휘 변화 속에서 삶의 변화 흔적을 찾을 수 있다.

21

기다림에 투자하라

예전 어른들은 돈이 생기면 장롱 속에 숨겨 놓았다. 필자가 어릴 때만 해도 "등록금 주세요."하면 장롱에서 어머님이 돈을 꺼내 준 생각이 난다.

이렇게 넣어둔 장롱 안의 돈은 사실상 세월이 가면 물가상승 요인으로 푼돈이 된다. 그래서 사람들은 증권 상담사로부터 유혹을 받는다. '주식을 사서 장롱에 보관하세요. 그러면 이런 손해는 안 봐요.'라고 말이다.

그러나 인간이란 기다림이 짧다. 조금만 주가가 상승하면 기분 좋아서 주가가 내려가면 불안해서 금방 장롱에서 꺼내 판다.

물리학 이론을 적용하여 주식에 성공한 사례가 있다. 물리학은 물질의 성질과 법칙을 연구하는 학문이므로 투자와는 별 관계가 없을 것 같은데, 로저 밥슨(Roger Babson)은 뉴턴의 물리학 법칙을 주가분석에 활용하여 엄청난 돈을 벌었다.

그런데 실상 뉴턴은 영국의 남해회사 주식에 만 파운드의 돈을 투자했다가 100% 수익이 나자 재빨리 매각했다. 그러나 주가가 계속 오르자 참지 못하고 다시 사들였다. 1720년 1월 128파운드였던 주가는 8월에 1천 파운드를 넘어섰지만 9월 들어 거품이 꺼지면서 며칠 만에 100파운드대로 주저 앉았다.

주식 거래는 정교한 물리이론으로도 설명이 안 될 수 있다는 이야기다. 주식 전문가들은 권고한다. " 주식투자에서 백발백중의 명사수가 될 수는 없다. 주식 투자는 장기전이므로 주식 투자의 백미는 기다림의 미학이다. 돈 앞에서 흔들리지 않을 사람은 없다. 자신의 결정을 믿고 기다릴 줄 알아야 한다. 혹시 실패해도 실패 속에서 배우는 기다림의 교훈은 수익에서 얻어지는 희열보다 훨씬 값지다. 주식을 산 후 적어도 1주일 이상 주가 변동을 안 보고 기다리는 인내를 가져야 한다."

22

이젠 동업도 짭짤해

사업을 하다 보면 한번쯤은 고민하게 되는 경우가 생기는데 바로 동업(Partnership) 제안이다. 필자 자신도 "불황기에 서로 뭉쳐서 동업해 보는 것이 어때."라고 가끔 지인으로부터 제안을 받았다. 대부분의 사람들은 '사업할 때 동업은 절대 하지 마라'라고 한다. 예나 지금이나 한결같이 동업에 관해서는 부정적인 시각이 지배적이다. 특히 가까운 친구와의 동업은 사람도 잃고 돈도 잃는다는 이유로 만류하는 것이 상식이다. 하지만 이제 이 말은 옛말이다.

동업은 1인 창업보다 더 큰 자본금과 적은 부채 부담, 그리고 더 높은 영업이익과 고용창출 효과가 있다는 점에서 성공률이 높은 대안으로 손꼽히고 있다.

서울 도봉구에 한 상가 3층에 '디어블랑제'라는 빵 공장이 자리 잡고 있는데, 약 20평 공간의 실내엔 제빵 설비가 가득하다. 이곳에선 매일 저녁 6시부터 밤 11시까지 정○○씨가 쉴 새 없이 빵 반죽을 만든다. 작업장 한쪽에는 '샹도르', '뉴욕제과', '깜빠뉴', '빵85' 등 빵집 이름이 적힌 반죽 통들이 수북하게 쌓여 있다. 서울 도봉구·노원구 등 동네 빵집 20곳이 참여하는 공동 빵집 브랜드 '디어블랑제'의 작업장이다.

'디어블랑제'는 독립된 사업체로 회원 빵집에 반죽을 제공하는 공동 공장 역할을 한다. '디어블랑제'는 핵심역량으로 발효 빵을 내세웠다. 웰빙 트렌드를 타고 발효 빵에 대한 관심이 높아졌기 때문이다. 당시 발효 빵을 만들기 위한 발효 기계는 고가여서 동네 빵집 혼자서 감당하기엔 무리였고 또한 혼자 쓰기에도 기계 용량도 너무 컸다. 동업해서 이루어진 계기가 되었다. 소화가 잘 되는 발효 빵을 찾는 손님이 늘자 반응도 좋았다. 경기도 의정부와 서울 강북구 빵집까지 가세해 동네 빵집 총 10곳이 참가하고 있다. 동네 빵집들은 디어블랑제 효과를 톡톡히 보고 있다. 디어블랑제가 수익을 적게 남기고 싼 가격에 반죽을 해주기 때문이다.

동업의 어려움을 잘 알고 있음에도 불구하고 현실적인 문제로 창업 시대에 그 힘든 대안을 부득이하게 택해야만 되는 경우가 있기 때문에 동업이란 비즈니스 모델을 다시 한번 고민해 보는 것도 내 삶의 자산이 될 것이다. 소호 창업 시대를 맞이하여 그래도 아는 사람하고 동업하는 것이 유익하지는 않을까?

동업의 성공을 위해 염두에 두어야 할 사항
- 동업자 간의 신뢰, 이해와 배려가 따라주어야 한다.
- 업무 분담과 의무 및 책임의 범위를 확실히 한다.
- 동업자 간의 많은 대화가 이루어져야 한다.
- 공정한 이익 배분이 이루어져야 한다.
- 모든 합의 내용을 문서화 하고 공증절차를 한다.

그래도 이 중에서 제일 중요한 것은 상호신뢰하는 마음이고 스스로가 우선 좋은 사람이 되어야만 한다는 것이다. 그래야만 끼리끼리 만나서 성공하는 것이다.

23

세상 돈 벌기 쉽다고?

돈이라는 현실 앞에 서면, 사람은 이해할 수 없는 방향으로 반응을 한다. 그래서 상대를 예측하여 돈 버는 것이 어렵다. 돈을 버는 것은 결국 남의 주머니에 있는 돈을 내 주머니로 가져오는 작업이다.

강도짓을 해서 뺏는 것이 아니라면 상대방이 기꺼이 주머니에서 돈을 꺼내서 나에게 줄 수 있을 만한 행동을 해야 한다. 즉 덕(德)을 갖춘 행동을 보여야 상대는 주머니를 비운다. 그런데 일부 사람들은 이를 역이용하기도 한다. 덕을 악(惡)으로 반응하여, 불상사를 일으킨다. 그래서 돈 벌기란 정말 힘든 작업이다.

지인이 경험한 일이다. 지인은 은퇴 후 소일거리로 친구가 운영하는 의류 가게에 들러 도와주기도 하고 끝나면 소주 한잔하면서 하루를 보냈다. 몇 달 전쯤 지인에게 행운이 왔다. 이월 재고 상품에 관한 비즈니스 거래인데, 약간의 위험을 감수한다면 높은 이익을 얻는 좋은 기회를 갖게된 것이다. 이에 욕심이 났던 지인을 지인 친구도 만류하지는 않았다.

서울 근교에 있는 컨테이너 창고에서 상품 판매자를 만나 물건을 보았다. 그는 지인 말고도 다른 구매 의향자가 있으니 관심이 있으면 먼저 계약금을 달라고 했다. 계약하기에 충분한 돈을 가지고 있지 않았던 지인은 잔금 마련을 고민하며 계약을 수락하였다. 지인은 당일 계약금을 입금하고 '돈 벌었구나'하는 희망 속에서 부지런히 판매처도 알아보고 잔금 마련을 위해 정신없이 사방팔방 전화를 하며 일을 준비했다. 잔금이 마련되고 판매처가 확인되어 상품판매자의 연락을 기다렸으나 아무 연락이 없자 지인이 먼저 전화를 했다. 판매자 曰, "창고 물건이 압류되었다."

그 후 지금까지 진행하던 일이 중단된 건 물론이고 계약금조차 돌려받지 못하고 있다. 상품 판매자와 거의 매일 전화 통화를 했지만 들은 말이라고는 "오늘 몇 시까지 입금해 주겠다.", "수표인데 자급날짜가 아직 안 되어서...." 등의 허무맹랑한 변명들뿐이었다 한다. 지인은 술 한잔에 투덜거린다. "누가 세상 돈 벌기 쉽다고 했던가, 아니야. 세상살이가 쉬운 게 아니야. 독하게 마음먹어야지"라는 이야기를 들은 난 웃으며 〈德! 착한 사람이 이긴다〉라는 책을 지인 손에 쥐어주며 격려해 주었다.

코 흘리개 어린아이 호주머니에 있는 100원을 꺼내게 하는 것도 어려운 일이야! 라는 비즈니스 현실이 새삼스럽게 느껴진다.

24

따뜻한 손길

방송 채널이 많다보니 방송 보는 시간이 길어진다. 당연히 다양한 광고도 보게 된다. 눈에 띄는 것은 배달 광고하고 '따뜻한 손길'을 기다린다는 NGO의 간절한 호소 광고다. 호소 내용도 다양하다. 난민 식수 해결, 어린이 영양실조, 북극곰 살리기 문제 등 오늘날 우리 시대의 소외된 면면이 속속 등장한다.

우리 어릴 때는 연말연시나 되어야 등장하는 '따뜻한 손길'이란 용어를 지금은 연중으로 듣는다. 우리도 잘 살게 되어서 도와줄 입장이 되다 보니 당연하고 또한 바람직한 현상이다. 월 1만원이면 된다니까 부담 없이 핸드폰을 들어 가입했다. 가입하니 왠지 마음이 찡하면서 보람을 느끼게 된다.

사실 인간 대다수는 절망에 빠진 이들을 일으켜 살아가게 하는 따뜻한 손길을 내미는 착한 존재다. 그리고 따뜻한 손길만이 어려운 사람을 구원하고, 척박한 세상에 희망의 꽃을 피울 수 있다는 사실을 안다. 그래서 종교생활 또는 사회생활을 하면서 직접적이든 간접적이든 손길을 보내고 있다. 적어도, "조금 여유가 생기면 도와주어야지", "생각만 하면 뭐해, 물질적으로 해야지", 아니면 "내가 안 하면 다른 누군가가 손길을 보내겠지"라고 중얼거려 보기는 한다. 꼭 물질만으로 따뜻한 손길을 펼칠 수 있는 것은 아니다. 용서와 관용의 마음으로도 가능하다.

'장발장' 이야기가 떠오른다. 세상에 대한 원망이 쌓여가던 장발장을 새로운 길로 안내한 것은 미리엘 신부의 용서와 관용이었다. 종교용어로는 자비라고 한다고 한다. 저녁 식탁에서 사용했던 은제 그릇을 훔쳐 달아난 장발장이 경찰의 의심을 받아 잡혀 왔을 때 미리엘 신부는 오히려 "은 촛대는 왜 가져가질 않았는가?"라고 말하며 그의 손에 쥐어 주었다. 혼란에 빠진 장발장에게 그는 "잊지 마세요. 당신이 선한 사람이 되도록 하는데 내가 준 물건들을 쓰기로 약속한 것을…"라고 말한다. 이 말이 장발장을 바꾸어 놓았다.

장발장이 출소해서 나와 성당에서 신부를 만나 나눈 대화 일부다. 이른 아침 한번 되새겨 볼 만하다.

"당신은 당신이 누구인가를 나에게 얘기하지 않아도 됩니다. 여기는 내 집이 아니라 따뜻한 손길이 필요한 사람들의 집입니다. 이 집의 문은 들어오는 사람의 이름을 묻지 않습니다. 다만, 마음에 아픔이 있는지만을 묻습니다. 당신이 괴롭고 배고프고 목이 마르다면 당신은 환영받습니다."
"나는 당신의 이름을 알고 있습니다. 당신의 이름은 '나의 형제'지요."

내가 먼저 변화되고 나서야 바로 이웃을 또는 먼 곳에 사는 따뜻한 손길을 기다리는 이웃들을 변화시킬 수 있다고 한다. 장발장에게 미리엘 신부가 있었다면, 따뜻한 손길을 기다리는 사람들에게 내가 있다면 어떠할까.

25

뜻밖의 성공

정교한 기획을 통해야만 성공이 만들어지는 것은 아니다. 때로는 의도와 상관없는 과정에서 우연히 만들어지기도 한다. 야구에서 빗맞은 공이 안타가 되는 경우처럼 말이다. 살다 보면 치밀하게 계획한 일보다는 생각치도 않은 일이 성공한 경우도 있다.

보다 강력한 화약을 발명하려 노력하던 노벨은 어느 날 화약의 원료인 니트로글리세린으로 실험을 하던 중 실수로 손가락을 베었다. 그는 당시에 액체 반창고로 널리 쓰이던 콜로디온 용액을 상처 부위에 바르고 실험을 계속하였는데, 니트로글리세린이 콜로디온 용액에 묻으면서 갑자기 모양이 변하는 것을 보게 되었다. 여기서 힌트를 얻은 노벨은 니트로글리세린과 콜로디온을 섞고 가열해서 투명한 젤리 상태의 물질을 얻었는데, 이것이 바로 다이너마이트보다 3배 이상의 큰 위력을 가진 폭파 젤라틴이다.

20세기의 가장 위대한 발견 중 하나로 불리는 기적의 물질 페니실린도 실수가 없었다면 세상에 나오기 어려웠다고 한다. 미생물학자인 플레밍(Alexander Fleming)은 세균을 관찰하는 실험을 하던 중 세균 배양기 위에 콧물을 떨어뜨렸는데 칠칠치 못한 일이었으나 얼른 치워버리지 않고 자신의 실수가 어떤 결과를 낳는지를 관찰했다. 관찰 결과 콧물이 들어있는 배양기의 세균이 모두 죽어버린 것을 알게 되었다. 콧물 속에 세균을 죽이는 물질이 있다는 것을 발견한 것이다. 그로부터 10여 년 뒤 플레밍의 실수를 통해 페니실린이라는 뜻밖의 놀라운 의약품이 탄생한다.

세상에는 뜻밖의 성공을 한 기업이 다수 있다. 대표적인 기업으로 스타벅스를 들수 있다. 스타벅스 최고경영자 하워드 슐츠(Howard Schultz)는 마케팅 담당 시절 이탈리아의 주방용품 컨벤션에 참석했다가 우연히 이탈리아의 자유로운 커피문화를 경험하고 얻은 영감으로 원두 유통업체에서 커피전문점으로 변신에 성공한 것이다. 구글과 페이스북 역시 뜻밖의 성공을 한 기업이다. 구글 창업자 세르게이 브린(Sergey Brin)은 구글이 어떻게 성공했느냐는 질문에 "성공의 제1 요인은 행운"이라고 대답했고, 페이스북 창업자 마크 주커버그(Mark Zuckerberg) 역시 "페이스북의 성공에는 뜻밖의 행운도 있었다"라고 인터뷰했다.

그러나 이러한 우연도 가만히 있어도 생기는 것이 아니다. 준비된 자에게만이 일어날 수 있는 가능성이라고 전문가들은 지적한다. 3C의 사람이 되라고 권고한다.

- 익숙한 일상에서 벗어나려는 사람(Contemplation, 사색).
- 소통을 늘리려고 하는 사람(Crossover, 교차).
- 발견을 실행으로 연결하는 사람(Connection, 연결).

작은 실수를 그냥 지나쳐 버리지 않고 눈 여겨 본 예리한 통찰력과 그런 기회를 얻을 수 있게 되기까지 다양한 사람과 부단히 소통하려는 노력, 그리고 말만이 아닌 실행으로 연결하려는 자세는 우연한 성공의 원동력이 된다. 혹 실패와 실수가 생기더라도 실패에 너무 의기소침하지 말고 한 번 더 생각하고 왜 실패와 실수를 했는지 눈 여겨 보면서 살아가야 할 것이다.

26

한숨 돌리고 여유 좀 가져요

대중교통을 이용하지 않고 차를 끌고 출근하는 날은 어김없이 짜증이 난다. 도로가 막혀 차 진행 속도가 느린 것을 알면서도 여기저기서 신경질적으로 '빵빵'댄다. 다른 사람이 보면 나 또한 이런 부류의 사람이다. 나 역시 빵빵대고 있으니 말이다.

어린 시절 아침에 일어나면서부터 엄마로부터 "빨리 밥 먹고 학교가 지각하겠어."라는 잔소리를 듣고 자랐다. 성인이 되어 직장 생활을 하면서도 정해진 시간에 높은 성과를 내야 했고 또한 밤늦게까지 일을 해야 하는데 집에 조금이라도 빨리 가기 위해서는 빨리 일을 마칠 수밖에 없다.

'30분 배달'를 내세우는 피자 전문점에서 일하는 배달원들은 배달이 늦으면 손해만큼 월급에서 깎이기 때문에 신호, 속도위반은 다반사다. 이러니 우리나라에서 '빨리빨리'는 이상한 현상은 아니다. 사회에서도 빨리하면 부지런한 사람으로 상을 받지만 천천히 하면 게으르다는 비난만 되돌아 온다. 오죽하면 한국에 온 외국인이 가장 빨리 배우는 말이 '빨리빨리'라는 우스갯소리도 있다.

자장면이 맛없는 것은 용서해도 늦게 나오는 것은 못 참는다는 우리나라의 '빨리빨리' 문화는 삶의 행동철학이며 하나의 생활문화로 고착화된 듯하다. 그리고 이런 문화로 세계 시장 1등 품목 120여 개를 보유한 나라가 됐고 인터넷 보급률 세계 1위, 경제 대국이 됐다.

정보화 시대에서 속도는 경쟁력의 핵심이다. 속도전에서 앞서는 국가만이 살아남는다. 물리적 속도가 생명인 인터넷을 비롯한 디지털 분야에서 우리나라가 세계 최고의 강국이 될 수 있었던 것은 바로 '빨리빨리' 문화에 내재된 정신적 속도의 덕이다. 이는 빨리빨리 문화의 순기능이나 사회의 보편적인 시각은 빨리빨리 문화를 부정적인 시각으로 본다. 왜 부정적인 시각으로 바라보는 것일까? 한번 음미해볼 필요가 있다. 독자 여러분은 무엇 때문이라고 생각하나요? 행복이란 측면에서 생각해보면 좋을 것 같다. 뭐든지 남보다 빨리, 남보다 먼저 해야 직성이 풀린다는 우리의 생각이 과연 우리에게 행복한 순간을 많이 제공했던가?

　우리는 어렸을 때부터 경쟁 사회에 길들여지다 보니 모든 일을 빨리하는 습관이 몸에 배었다. 여유를 가지고 해도 되는 일에도 속도를 내는 자신을 발견하는 경우가 흔하다. 가끔은 '느림의 가치'를 느껴 볼 필요가 있다. 그런 의미에서 이탈리아 중북부의 작은 마을인 이탈리아 그레베 인 키안티(Greve in Chianti)에서 비롯된 슬로시티(slow city) 운동은 좋은 사례다.

　이 운동의 핵심은 '속도 숭배'를 '느림 숭배'로 대체 하자는 것이 아니라, 빠름과 느림, 농촌과 도시, 로컬과 글로벌, 아날로그와 디지털 간의 조화로운 삶의 리듬을 지키자는 것이다. 이 운동으로 자판기, 냉동식품, 패스트 푸드점, 백화점, 할인 마트가 줄어들고 주민들은 토속 음식들을 먹고 버스 대신 자전거를 탄다고 이 운동을 주도한 시장은 자랑한다.

　'빨리빨리 살 것을 강요하는 바쁜 현대생활은 인간을 망가뜨리는 바이러스다.' 라고 생각을 달리할 시점이다.

27

풀 안 먹는 호랑이

기술개발에 의한 가치창조 없이는 어떤 기업도 생존할 수 없는 시대가 왔다. 그래서 그런지 기술개발의 속도가 정말 빠르다. 개인용 전화기 관련해서는 폴더블폰 관련 기사와 5G 시대 광고가 넘친다. 자동차는 자율형인 드라이빙 기술, 수소로 가는 차, 전기로 가는 차 기술 등으로 진화하고 있다.

편리함을 제공하는 문명의 발달이기에 바람직한 좋은 현상이다. 그러나 이러한 빠른 기술 속도는 비즈니스를 무한 경쟁체제로 이끌 뿐 아니라 사회 활동에서 사람 간의 관계까지도 경쟁시킨다. 경쟁은 효율을 가져다주기도 하며 사회 및 경제발전에 기폭이 된다는 점에서 이로우나 그 역기능 또한 있다는 데 문제가 있다. 경쟁이 강화되면 될수록, 우리 인간 본성은 더욱 이기적으로 변하여 사람은 교류의 대상이 아닌 경쟁의 대상으로 여겨지며, 세상은 '불두착분(佛頭着糞) 사회로 변한다.

불두착분(佛頭着糞)이란 참새가 부처의 얼굴에 똥을 묻힌다는 뜻으로, 착한 사람이 오히려 모욕(侮辱)을 당할 때 비유하여 사용되는 사자성어다. 부처님처럼 자비롭고 덕으로 대하는 경쟁 상대에게는 함부로 까불고, 솔개처럼 무섭게 하면 벌벌 떨며 아첨하는 '참새' 같은 무리가 세상에 많아진다는 의미다.

오늘날 우리는 승자만이 모든 것을 가지는 세상이 됐으며 현대 사회는 착한 사마리아인이 살기에는 힘든 구조다. 착한 사마리아인이란 여행 도중에 강도를 당해서 길가에 방치되어 죽어가고 있는 사람을 성직자인 제사장이나 신앙심이 좋은 레위인(구약성서에 나오는 야곱의 셋째 아들)이 아니라, 유대인에게 멸시를 받던 사마리아인이 도와주었다는 인물을 말한다. 듀크 로빈슨은 「내 인생을 힘들게 하는 좋은 사람 콤플렉스」라는 책에서 "착하게 사는 사람은 착하게 살아서는 안 되는 현실을 받아들여야 한다."라고 지적하였다. 즉, 착한 사마리아인은 무한 경쟁 시대에서는 게임에 질 수 밖에 없다는 얘기도 그의 지적은 우리 마음을 씁쓸하게 만든다.

"호랑이는 배고파도 풀을 먹지 않는다."라는 속담을 우리는 잘 알고 있다. 시대가 변하였다고 우리의 기본 마음까지 변해서는 안 된다. 당당함을 지속 하여야 한다. 경쟁이 치열할수록 의기소침해지지 않고, 비굴한 참새가 되지 말고, 불의와 단호히 맞서며 당당하고 기개있게 살아야 한다. 무한 경쟁이란 말 자체가 의미하듯이 경쟁이 무한하므로 회복할 수 있는 기회 또한 자주 생긴다.

물론 무한 경쟁 사회에서 당당함을 유지한다는 것은 쉽지 않은 일이지만 이런 부류의 사람이 게임 경쟁에서 오히려 지는 경우가 많기 때문이다. 당당함을 잃지 않은 사람들이 경쟁에서 이기는, 배려가 충만한 사회가 그 어느 때보다 요구되는 시점이다. 사회는 배고파도 풀을 먹지 않는 호랑이가 굶어 죽지 않도록 먹이를 마련해 주어야 한다. 그 먹이의 의미는 다름 아닌 모두가 이익을 보며 함께 살아가면서 남을 물리치기 위한 경쟁이 아니라 스스로 살아가기 위해서 경쟁하는 '상리공생(相利共生)'이다.

28

당신 멋져...

미^국 워싱턴포스트지의 기자 진 바인가르텐(Gene Weingarten)의 '조슈아 벨(Joshua Bell) 실험'이 있다. 이 실험은 평범한 상황에서도 개인의 능력이 전달되는가를 알아보기 위해 기자가 당시 세계 최고의 바이올린 연주자인 조슈아 벨을 통해 실행한 실험이다.

조슈아 벨은 누가 알아보지 못하게 청바지에 긴팔 티셔츠를 입고 야구모자를 눌러쓰고 바이올린 케이스를 앞에 열어놓고 지폐 몇 장과 동전 몇 개를 넣어 둔 다음 43분 동안 클래식 음악 6곡을 연주했다. 결과는 의외였다. 연주자 앞을 지나간 사람은 총 1,097

명, 이 중 27명이 그에게 총 32달러 17센트의 연주비를 주었고, 길을 지나다가 발걸음을 멈추고 잠깐이라도 그의 연주에 귀 기울인 사람은 고작 7명 뿐이었다.

이 실험은 결국 개인의 능력은 능력 자체만으로는 빛을 볼 수 없다는 것을 의미한다. 그렇다면 능력으로 평가되는 직장에서 사람들은 자신의 능력을 인정받기 위해서 무엇을 해야 할까? 바로 자신감이다.

일본의 기업가이자 소프트뱅크의 CEO인 손정의(일본명 손 마사요시)는 제일 동포 3세로서 자신감으로 자신의 인생을 멋지게 꾸리고 있는 인물이다. 그는 이미 19세에 '인생 50년 계획'을 세우며 자신감을 가졌다.

인생 50년 계획이란 "20대에 이름을 날린다. 30대에 1000억 엔(1조원)의 사업자금을 만든다. 40대에 사업에 승부를 건다. 50대에 연 1조엔(10조 원) 매출의 사업을 완성한다. 60대에 다음 세대에게 사업을 물려 준다."라는 내용을 담고 있다. 이러한 근거 없는 자신감'에서 나오는 그의 설득력과 통찰력은 압도적이다.

이외 트럼프, 빌 게이츠, 고인이 된 잡스 등도 포장된 능력인 자신감이 넘치는 인물이다. 빌 게이츠 이야기를 소개하겠다. 1980년은 마이크로소프트(MS)가 아직 신생 기업이었을 때다. 당시 가정용 컴퓨터를 보급할 계획을 세운 IBM은 운영체제 프로그래머를 찾고 있었다. 그리고 게이츠는 IBM에 운영체제 프로그램을 제공할 계약을 맺었다. 하지만 놀랍게도 게이츠는 거래가 성사되었을 때 그 어떠한 운영체제도 갖추고 있지 않았다. 심지어 운영체제를 개발할 생각조차 하지 않았다. 그런데 어떻게 당시 컴퓨터 업계의 거두 IBM과 계약을 맺을 수 있었을까?

MS에 찾아온 IBM팀에 게이츠는 넘치는 자신감으로 자신이 유능하다고 어필하고 운영체제를 제공하겠다는 확신을 줬기 때문이다. 사실 게이츠는 IBM과 계약이 성사된 후 한 프로그래머를 찾아 당시 프로그래머 중 1인자였던 게리 킬달(Gary Arlen Kildall)이 만든 운영체제와 비슷한 운영체제를 만들게 했다. 해당 프로그래머는 자신이 개발한 운영체제에 QDOS(Quick and Dirty Operation System)이란 이름을 붙였다. 게이츠는 이 이름에 Q자만 없앴다. 이것이 오늘날의 MS-DOS(MicroSoft-Dos)다.

29

터널 비전(tunnel vision)

왜 똑똑한 사람이 어리석은 결정을 내릴까?라는 책을 읽으면서 흥미로운 용어 하나를 발견했다. 다름 아닌 '터널 비전'이다.

이 단어는 원래 어두컴컴한 터널 안으로 들어갔을 때 주위가 아닌 오직 저 멀리 정면의 빛만 보게 되는 일종의 시각장애를 일컫는 의학용어다. 지금은 경제적 의사결정 과정에서 숲이 아닌 나무만 보는 인간의 제한된 시야와 범죄사고를 설명하는 용어로 경제학이나 범죄심리학 등에 사용되기도 한다.

반사 거울을 이용하지 않고 자신의 뒤통수를 볼 수는 없듯이 사람들은 모든 것을 다 볼 수 있는 것은 아니다. 상황 분석 또한 마찬가지다. 한꺼번에 모든 상황을 예측하고 다룰 수는 없다. 이런 한계 때문에 사람들은 문제를 단순화하고 메시지 일부분에만 선택적으로 주의를 집중하려고 한다.

사람이 흥분하면 눈에 보이는 게 없어지고 주의력과 정보처리 능력이 급격히 저하되는 것, 재판에서 취약한 유죄증거에 대한 감지능력의 편차로 인하여 재판 결과 차이가 생기는 것 등은 모두 터널 비전 탓이다. 마음에 안 드는 직원이 있으면 그가 아무리 좋은 아이디어를 제시하고 일을 잘해도 선입견으로 미워하게 된다. 이런 현상도 터널 비전 때문이다.

선택적으로 주의를 집중하는 비합리적 몰입은 많은 실수의 원인이 될 수 있다. 그리고 인간관계를 깨뜨려 회복할 수 없는 파국으로 치닫게 한다. 학교 성적 경쟁, 후계자 문제, 양육권 분쟁, 파업, 질투, 입찰경쟁, 소송, 가격경쟁, 인종 갈등 등 수 많은 분쟁이 통제할 수 없는 상황으로 치닫는 것은 현실에서 흔히 접하는 터널 비전의 사례이다.

우리가 창의성을 발휘하거나 행복을 만끽하기 위해 선택적으로 집중하는 것이 때로는 바람직하지만 갈등 상황에서의 몰입은 터널 비전을 초래하여 피차의 관계를 해친다는 점에 유념하여야 한다.

아직도 사람을 외모만 보고 판단하는지? 어리석은 결정을 피하고 좀 더 합리적이며 똑똑한 결정을 내리기 위한 터널 비전 함정을 피하는 4가지 요령은 다음과 같다.

1. 분명한 대안을 만들어 놓자.
2. 당신의 견해에 반대될 만한 대답을 도출해 낼 수 있는 질문을 하거나, 가능하다면 주위에 반대 의견을 갖는 사람들을 두자.
3. 기존의 판단에 대해서도 끊임없이 정보를 수집하자. 우리는 일단 사건이 해결되면 이미 결과를 잘 알고 있었던 것처럼 믿는 경향이 있다.
4. 감정적인 상황일 경우에는 판단을 피하자. 가장 명백해 보이는 선택이 올바른 선택임을 명심하자.

30

남성이 뒤쳐진다고?

여성 경제 활동 참가율이란 만 15세 이상 여성 인구 중 경제 활동인구의 비율을 의미하는 것으로, 여성 경제 활동의 활성화 정도를 나타내는 대표적 지표이다. 2018년 기준 52.9%로 지표 수치가 점차 상승하고 있다. 여성의 경제 참여가 많아지고 있다는 징조다.

크리스틴 라가르드(Christine Lagarde) 국제통화기금(IMF) 총재는 '경제성장률을 높이는 방법으로 더 많은 여성을 고용하라.'라는 글을 자신의 블로그에 올렸다. 이 글에서 라가르드 총재는 캐나다 사례를 들면서 여성 경제 참여율이 1% 늘자 생산성은 0.4% 포인

트 증가하였다고 말했다. 물론, 생산성 증가가 여성 참여에 의한 것이라는 인과관계 분석 결과는 아니지만, 가설로도 의미가 있다.

요즘처럼 메마르고 각박한 세상에는 섬세하고 따뜻한 여성의 현실참여가 절실하게 필요하다는 분위기가 높다. 또한 창조와 혁신과 같은 가치들이 기업의 지속 가능한 성장을 위한 주요 요소로 부각 되는 이 시대에 성 다양성(gender diversity)을 포용하여 남성과 여성이 자연스럽게 어우러지고 서로의 가치를 존중하는 남녀 공동협업은 기업의 경쟁력 향상으로 연결될 수 있다는 것이 전문가들의 일반적 견해다.

현재 페이스북의 최고운영책임자(COO, Chief Operating Officer)인 셰릴 샌드버그(Sheryl Sandberg)는 좋은 사례의 여성이다. 페이스북 창립자인 마크 주커버그(Mark Zuckerberg)가 "샌드버그가 없었다면 지금의 우리는 없었을 것이다."라고 했을 만큼 페이스북의 성장에 기여도가 굉장히 큰 여성이다.

여성이 남성보다 우위에 있다는 내용의 책이나 특집기사들이 쏟아지고 있다. 미국의 칼럼니스트 해나 로진(Hanna Rosin)은 자신의 저서 〈남자의 종말〉에서 성(性)의 권력 교체가 일어나고 있다고 주장하면서 이에 대한 원인의 하나로 현대 사회가 남성보다는 여성을 필요로 하기 때문이라고 지적했다. 그는 현대 사회는 힘보다는 조용히 공부하고 감정적으로 섬세하며 원활하게 의사소통하는 것을 필요로 하므로 유전학 및 문화면에서 여성이 뛰어날 수밖에 없다고 주장한다. 실질 연구에서도 여성이 수업에 덜 빠지고 열심히 공부하고 점수를 잘 받는다는 것이 밝혀지고 있다. 우리나라 공무원 시험 합격자 대다수가 여성이 아닌가.

문화적으로 변화가 다양하게 이루어지고 있는 오늘 날의 비즈니스 세계에서 남자들은 오래된 방식에 의지하는 경향이 있는 반면에, 여성들은 그냥 패션(Passion)이 아닌 진정한 의미에서 직원들을 배려하는 컴패션(Compassion)이라는 덕목을 지니고 있기에 성과가 더 높다고 전문가들은 지적한다.

남성이 뒤 쳐지고 있는 것일까 아니면 남성 여성이 동등하게 가는 과정인가? 이제 세상은 일터 뿐 아니라 주방과 침실에 이르는 모든 영역에서 섬세하고 유연한 태도를 요구하고 있다. 이러한 변화는 이미 오래전에 시작되었다.

오늘날의 남자는 변화에서 밀려나든지, 변화 속으로 뛰어들든지 선택의 갈림길에 서 있다. 여성들이 어떤 선택을 해 왔는지를 생각해 보고 오랫동안 남성들의 영역이었던 부분에 여성들이 들어오는 상황에 익숙해져야 할 시점임을 깨달아야 할 것 같다.

31

양두구육(羊頭狗肉)

매년 연말이 오면 지식인들은 지난 한 해를 사자성어로 풀이한다. 사자성어 풀이 서적을 보면 재미있게 잘 표현된 글귀도 많다. '양두구육'이란 사자성어가 있다. 양머리를 내걸고 개고기를 판다는 뜻이다. 현대에서는 어떤 상품이 포장이나 사진이 훌륭해 보이지만 내용물이 형편없는 제품이거나 겉은 멀쩡한 사람이 실제로는 정신적 문제와 인성의 결함을 가지고 있다면 이를 양두구육의 모습이라 비꼰다.

양두구육을 떠오르게 하는 모습이 금융업계에 만연하고 있다고 비판하고 있다. 미국, 유럽 뿐만 아니라 국내 시중 은행도 그럴 듯하게 자신들의 모습을 포장해 놓고 속으로는 이윤을 추구한다는 것이다.

우리나라 은행들이 2017년 이자로만 벌어들인 수익이 37조 원이 넘는다. 이렇게 천문학적인 이자 수익을 벌어들인 데는 은행들이 한국은행에서 기준금리를 내릴 경우 대출금리를 내리기는 커녕 오히려 금융감독원의 눈을 피해 대출금리를 슬금슬금 올린 행태도 한몫을 한 것으로 드러났다고 언론들은 보도하고 있다. 심지어 우리나라 시중 은행장들의 연봉은 '국정감사' 때도 안 내놓는 1급 비밀이라 한다.

금융가의 탐욕에 반기를 든 시위가 미국 전역으로 번지고 있고, 시위는 부자들의 탐욕과 높은 실업률에 항의하며 미국판 촛불시위 형태로 진행되고 있다. 자본주의 발전에 기여하고 있다고 자부해야 할 금융업이 이면에는 자본에 대한 탐욕, 이윤에 대한 무차별적인 추구, 도덕성 상실이라는 가면이 숨겨져 있었다고 비판받는 것이다.

양두구육의 모습은 금융업에 국한된 것이 아니다. 대기업의 횡포로도 나타나고 있다. 작은 기업 대표나 회사의 핵심 엔지니어들이 온갖 고생을 하면서도 기술개발에 전념하고 버틸 수 있는 것은 미래에 주식시장에 상장하거나 아니면 인수합병(M&A)을 통해 그동안의 고생을 한 번에 보상받을 수 있을 것이라는 희망 때문이다.

그런데 일부 대기업은 중소기업과의 공생이라는 명분으로 중소기업이 어렵사리 개발한 기술이나 인재들을 헐값이나 약간의 연봉을 올려주면서 빼가는 잘못된 행태를 저지르고 있다.

3만 불 시대를 넘어선 우리나라가 전 비즈니스 분야에서 이제 양두구육의 모습을 벗어던지고 정의가 실천되는 사회가 되길 기대해 본다.

32

답해야 할 마지막 질문은?

마음은 아직 청춘인데 골프 연습장에만 다녀와도 몸은 벌써 뼈거덕 거린다. 공자님은 나이 50에 하늘의 뜻을 알았다고 하던데. 이러다 죽기 전에 하늘의 뜻을 알 수나 있을는지. "100세 인생 시대라 아직 한참 남았는데"하고 스스로 위로하지만 혹 안다 해도 그걸 이룰 수나 있을까? 하는 걱정이 든다.

잭 캔필드, 마크 빅터한센의 〈죽기 전에 답해야 할 101가지 질문〉이란 제목의 책이 있다. 우리의 인생을 맑고 향기롭게 만들어 줄 보석 같은 이야기들로 채워져 있다. 세상 곳곳에서 인생의 답을 찾아낸 사람들의 땀과 열정, 그리고 감동이 책 속에 망라되어 있다.

저자들은 "인생에는 정답이란 존재하지 않으며, 정답이 존재하지 않기 때문에 '오답' 또한 존재하지 않는다."고 말한다. 아울러 의문투성이의 삶에서 벗어나는 유일한 길은 자기 자신을 향한 질문을 멈추지 않는 것이라고 주장하면서 질문을 가장 의미있게 만드는 자기 자신만의 답을 찾는 것이 최선이라고 제안한다.

스스로 답을 해보기 위해 이 책을 읽게 되었다. 이 책을 접하기 이전에는 누군가가 나에게 질문을 하면 나는 습관적으로 "몰라" "나하고 관계없어"라고 대답하기 일쑤였다. 오래 생각을 하지 않고 질문에 대답하는데 길들여진 나에게 101가지 질문은 벅찼다. 특히 38번째 '물려받은 것은 무엇이고, 물려줄 것은 무엇인가?' 라는 질문은 색다른 느낌을 받은 질문이었다.

상속받은 것이 없기에 대답은 '없지'라고 중얼거렸으나 갑자기 부모님 생각이 떠올랐다. 부모님 자체가 상속받은 것인데, 너무 물질로만 생각했구나 하는 마음에 죄스러움이 든다. 부모님이 내가 중얼거린 말을 들었으면 얼마나 서운했을까? 나라는 존재 자체가 부모로부터 물려받은 가장 값진 것인데, 물려받은 것이 없다고 중얼거렸으니 불효자라는 느낌이 들었다. 그래도 물려 줄 것이 무엇인가 질문에는 마음 뿌듯함을 느꼈다. 이 책을 아이들에게 물려줄 수 있으니 말이다.

101번째 질문: 죽기 전에 답해야 할 마지막 질문은 무엇인가? 이 질문의 답은 아직도 고민 중이다. 지금 현재로서는 "그동안 다른 사람을 얼마나 격려하며 살았습니까?"이다.

여러분의 마지막 질문을 무엇입니까? 아침을 열면서 생각해 보세요.

33

자신의 등을 못 보는 사람들

오늘 아침도 세수하면서 얼굴을 본다. 문득 생각이 난다. 왜 우리는 남의 등은 볼 수 있는데 내 뒤 등을 볼 수 없게 태어났을까? 물론 거울 2개를 이용하면 볼 수는 있다. 이것은 억지의 경우다. 현자들은 이런 상황을 '비난'과 연계하여 비유한다. 사람은 남의 흉이나 허물은 쉽게 찾아낼 수 있으나 정작 자신의 흉이나 허물은 못 보는 현상을 설명하면서, 자신의 등을 못 보는 이유로 비유한다.

그러면 사람은 왜 자신의 허물을 보지 못하는 것일까? 인간이 무능해서일까. 아니다. 사람은 자기 자신의 흉을 잘 알고 있다. 그러나 일부러 보기 싫어서, 그리고 잊어버리고 싶어서, 자신의 허물은 등 뒤에다 두고 앞 쪽에는 남과 이웃의 허물을 지니고 다니면서 즐거워한다고 한다. 정말 이기적인 유기체이다. 나만 그런 것이 아니다, 모든 사람이 다 그러하다. '난 어디까지나 나다.'라는 생각으로 사는 것이 사람의 속성이다.

남의 흉은 하나고, 자기 흉은 열 가지인데 내 뒤는 보이지 않는다고 핑계 대고 남만 비난해온 자신이 정말 부끄럽다. 자신을 안다는 것이 상대를 아는 것보다 어려울 때가 더 많은가 보다. 오늘 하루, 아니 이 순간만이라도 내 등에 있는 허물을 보고 내 앞에 있는 남의 허물을 지적하자.

사람들이 처해 있는 조건이 흉하든 흉하지 않든 눈에 보이는 게 전부는 아니다. 진짜 속뜻은 등 뒤에 숨어 있다. 항상 등 뒤에 숨어 있는 자신을 살펴보아야 한다. 또한 상대도 앞만 보지 말고 그의 뒤 등도 보자. 그러면 상대의 허물을 알기에 내가 삶에서 승리할 수 있지 않겠는가.

블로그를 통해 읽은 글이다.

어느 날 한 청년이 무척 화난 표정으로 집에 들어와 화단에 물을 주고 있는 아버지에게 다가와 "아버지 정말 나쁘고 어리석은 녀석이 있어요. 그게 누군지 아세요?"하고 말하자, 아버지가 아들의 말을 막았다. "잠깐 네가 남 이야기하려면 세 가지를 자문해야 한다." 어리둥절해진 아들이 되물었다. "세 가지요?" "그래 세 가지다."

첫째, 아들아 네가 하려는 이야기가 모두 진실이냐?

둘째, 선(善)한 내용이냐?

셋째, 너의 이야기가 '꼭' 필요한 것이냐?

그런 후, 아버지는 환하게 웃으며 말했다. "네가 이야기하려는 내용이 '진실한 것도', '선한 것도', '꼭 필요한 것도' 아니면 그만 잊어버리거라"

타인에 대한 험담은 한꺼번에 세 사람에게 상처를 주게 된다. 욕을 먹는 사람과 욕을 들어주는 사람, 그리고 가장 심하게 상처를 입는 사람은 험담을 한 '바로 나 자신'이다.

34

20대의 스펙 중시

매^{일경제} 기획취재팀이 조사, 분석한 바에 따르면, 우리나라 20대 청년들의 사회 인식 성향은 FAIR라는 단어로 집약될 수 있다고 한다.

이는 Fairness(공정), Achievement(성취), Individualism (개인주의), Rage(분노)의 첫 알파벳을 딴 단어로, 우리 청년들은 공정함과 큰 성취에 열광하고 철저한 개인주의 성향을 보이며 꼼수와 무임승차에 분노하는 경향을 보인다는 얘기다. 특히 남의 특혜로 인해 자신의 기회가 박탈되는 손해를 감수할 수 없다는 저항 감이 깔려있으며, 공정한 경쟁에서 이긴 승자에게 열광하고 본인의 능력으로 역경을 극복한 이들에게 아낌없는 찬사를 보낸다는 분석이 눈에 뜨인다.

오늘날의 20대들은 수저 계급론 등 강화되는 세습 자본주의를 극복할 수 있는 최소한의 심리적 안전망으로써 능력주의에 큰 의미를 둔다. '경제 자본도 사회 자본도 부족한 청년들이 믿을 수 있는 건 본인의 능력 밖에 없다.'고 믿고, 자신의 능력만으로 정의를 추구하고 사회의 변화를 이끌어 나가는 점에 열광한다. 그러하기에 그들은 자신의 능력을 시위하고 무임승차와 꼼수에 분노한다.

능력시위의 한 방편으로 20대들은 대학교 과잠(학교와 학과 이름이 쓰인 점퍼)을 즐겨 입는다. 최근에는 출신 고등학교(주로 특목고) 이름까지 새겨 자신의 능력을 인정받고 싶은 스펙 한 줄을 추가하는 심리까지 보인다. 사회학 학자는 이런 모습에 관하여 '능력시위는 특권으로 무장된 귀족주의(aristocracy)에 맞설 수 있는 최소한의 사회적 거점'이라고 진단한다.

경쟁은 1990년대생의 삶을 지배하는 키워드다. 10대의 치열한 입시 경쟁과 20대의 무한한 취업 경쟁을 이겨냈어도 또다시 평생직장의 개념이 유효하지 않은 회사에서 살아남기 위한 승진 경쟁을 해야만 한다. 끝없는 경쟁에서 생존해야만 하는 오늘날 청년세대에게 가장 중요한 가치는 공정한 법칙이다. 청년들은 본인의 노력이나 능력이 아닌 부모의 든든한 자본과 인맥으로 반칙을 일삼는 무임승차자들에게 분노할 수밖에 없다.

촛불 시위에 20대를 참여하도록 유도한 것도 정유라와 같은 대학, 같은 과에 다니던 평범한 대학생들이었다. 그들은 "돈도 실력이야. 너네 부모나 원망해"라는 정유라의 말 한마디에 크게 분노한 것이다.

공정성을 무엇보다 강조하고 능력 위주의 경쟁을 추구하는 20대들의 이런 성향은 결국 개인주의, 더 나아가 각자도생(各自圖生), 즉 내 몫은 내가 알아서 지켜야 한다는 절박한 몸부림이 자리 잡으면서 소위 스펙이라는 능력사회로 표출된 것이다.

"능력주의가 실현되려면 모든 사람이 같은 출발선에 서서 공정한 경쟁을 해야 하는데, 우리 사회에는 이미 불평등 구조가 뿌리 깊다."라며 청년들은 그나마 공정하게 해볼 수 있는 것은 오직 스펙 강화라고 생각한다.

35

언스크립티드(unscripted)

일 ^{주일에} 5일을 노예처럼 일하고 다시 노예처럼 일하기 위해 2일을 쉬고 있는가? "당신을 가난으로 이끄는 조작된 각본에서 탈출하라!" 풍요, 자유, 행복을 일깨울 청사진을 제공하고 극소수만이 꿈꾸는 인생을 당신도 자유롭게 만끽하는 기회를 가질 것이라고 소개된 서적 〈언스크립티드〉에 관한 이야기다.

부자가 되고 싶은 마음은 사람 모두 똑같다. 하지만 부자가 된 사람은 소수에 불과하다. 나름대로 열심히 산다고는 하지만 결과론적인 면에서 보면 서글픈 게 현실이다. 부는 인간의 환경을 고상하게 만들 뿐 인간 그 자체를 고상하게 만들지는 않는다고 하지만 부를 마다할 사람은 없다. 30대에 자수성가한 백만장자 사업가이며 발명가인 엠제이 드마코(MJ DeMarco)가 있다. 그는 차량 예약 서비스를 제공하는 'Limos.com'의 설립자로서 죽도록 일해서 돈을 벌고 아끼고 모으는 것 즉, '천천히 부자 되기' 만으로는 절대 젊어서 부자가 될 수 없다고 말한다. 사실상 그도 청소 일을 하며 근근이 어머니를 부양했고, 허황된 꿈을 좇는다며 주변의 손가락질을 받았다. 하지만 결국 그는 부자가 되는 특별한 공식 즉, 추월차선 법칙을 발견하면서 단시간 내에 수백억대의 자산가가 되었다.

아직도 기회를 잡지 못하고 꿈속을 헤매고 있는 사람들, 아직 부의 추월차선에 진입하지 못한 이들을 위해 '추월차선 포럼'을 운영하는 엠제이 드마코는 부의 비밀을 이 책에서 들려준다.

- 지금 살고 있는 삶이 정말 자신이 계획하고 원했던 삶인지 자신의 영혼에게 물어보라.
- 우리는 하나의 거대한 정해진 각본화된 삶을 살아가고 있다. 각본화된 틀 속에는 사람은 평범해지고 생각하는 힘을 잃게 된다. 이러한 각본에 분노하고 벗어나라.
- 오늘의 한 시간은 내일의 한 시간과 동일하지 않다. 잃어버린 시간은 결코 다시 찾을 수 없다. 지금이라는 좋은 시간을 내

일이라는 나쁜 시간으로 사지 마라.
- 잘못된 전제는 잘못된 결과를 낳기 마련이기 때문에 지속적으로 고민하고 반복하며 수정하는 과정 없이는 절대 부는 만들어 질 수 없다. 자신의 신념, 편향, 자기반성에 대해서 계속적으로 성찰하고 바로잡는 과정을 유지하라.
- 성공사례는 생존자 편향의 대표적 사례다. 오히려 어떠한 방식으로 사고하지 않았기 때문에 실패를 하지 않는지. 실패사례를 탐독해보고 그렇지 않도록 노력하라.

책의 내용에 동의하지 않는 부분도 있지만, 자신의 삶을 그려나가고 돈과 자유에 대한 인식 변화를 설명하는 과정은 매우 인상 깊다. 자신의 삶에 대해서 진지하게 어떻게 그려나갈지 고민하는 분들은 직접 읽어보면 도움이 될 듯하다. 올해도 마무리되어 가는 시점에 자신만의 추월차선에 진입할 수 있는 삶을 진지하게 고민해 봄이 어떠할런지요?

36

사르트르의 할아버지의 친구

위대한 개츠비는 제1차 세계대전의 승리 이후 물질적으로는 엄청난 풍요를 누리게 되었지만, 도덕적, 윤리적으로는 타락한 미국 사회의 치부를 드러낸 소설로 유명하다.

금주법이 시행되고 재즈가 유행하던 1920년대 미국 뉴욕을 배경으로 하여 소위 아메리칸 드림의 타락과 절망을 담은 소설이다. 소설의 주인공 제이 개츠비(Jay Gatsby)는 미래의 눈부신 성공을 위해 일찍부터 체계적인 삶을 시작한다.

오전 6시 기상, 6시 15~30분 아령 들기와 암벽타기, 금연, 이틀에 한 번 목욕하기 등등 그 안에는 규칙적인 책 읽기도 있다. 그는 매주 교양서적 혹은 잡지를 꾸준히 읽었다. 이런 생활로 제이 개츠비는 미국 롱 아일랜드 큰 저택에서 매일 밤 호화 파티를 벌일 수 있는 엄청난 부자가 되었다.

애플의 스티브 잡스(Steve Jobs) 이후 가장 주목받는 최고경영자인 제프 베조스(Jeff Bezos) 아마존 창업자도 독서 경영으로 유명하다. 그는 아마존의 미래를 만드는 프레임워크에서 경영진 전원이 경영철학을 이해하고 기업의 중기적 계획을 만들어간다는 것이 아마존 경쟁력의 원천 중 하나가 되고 있다고 말한다. 그것도 오프사이트에서 합숙을 하면서 말이다.

정보화 시대, 비즈니스계 뿐만 아니라 일상생활에서도 지식의 중요성은 날로 무게를 더하고 있다. 그 중심에는 책이 있다. 각국 지도자들이나 그룹 총수들이 휴가철 어떤 책을 들고 떠나는지, 사장이 지금 무슨 책을 읽고 있는지가 일반의 관심사가 될 정도다. 쏟아져 나오는 책 역시 다양하여 바다를 이룬다.

"야, 책 읽는다고 밥 먹여 주냐. 그냥 대충 살아." 이에 대한 판단은 알아서 할지언정 책은 인생에서 성공하는 지혜와 힘을 준다.

프랑스 당대의 저명한 철학자이자 실존주의 문학을 창시한 작가 장폴 사르트르(Jean-Paul Charles Aymard Sartre)는 할아버지의 서재에서 책 읽기에 빠졌다고 이야기한다.

어느 날 할아버지가 서재에 들어가서 오래도록 나오지 않자 호기심이 많은 사르트르가 물었다.

"할아버지 뭐하세요?"

할아버지는 어린 사르트르를 보며 웃으며 대답했다.

"친구의 얘기를 듣고 있었지."

사르트르는 도무지 이해가 되지 않았다.

"친구가 어디 있어요? 여기엔 할아버지와 저밖에 없는데요?"

그러자 할아버지는 높이 쌓여 있는 책더미를 가리키며 말했다.

"이곳에 친구들이 얼마나 많은데, 할아버지 친구들은 모두 저기 보이는 책 속에 있단다."

-〈우리 아이 독서왕으로 만드는 7가지 비결〉 중에서-

문학도나 책을 읽는다는 생각은 버려야 한다. 읽기에 좋은 계절이 따로 있을까만은, 이제 곧 독서의 계절이라 불리는 가을이다.

37

돈 버는 것도 과학이다

동창회에 나가면 대개 "○○가 승진했다며?", "△△가 아프다면서.", "친구야, 너 많이 말랐네." 등 다양한 내용의 대화가 오간다. 단연코 큰 화제는 "◆◆가 돈 좀 벌었다며?"이다. 거의 모든 사람은 돈 버는 일에 엄청난 노력을 한다. 아니 성인이 되고 난 후부터 죽을 때까지 고민하는 것이 돈 버는 일일지도 모른다.

그래서 그런지, 서점에 가면 돈 버는 일에도 정보를 이용한 과학적 원리가 존재한다는 사실을 설명한 서적이 많이 진열되어 있다. 대표적 서적으로 제임스 오엔 웨더롤(James Owen Weatherall)의 〈돈의 물리학〉과 윌리엄 파운드스톤(William Poundstone)의

〈부의 공식〉이 있다. 그들은 돈 버는 것도 과학이라고 믿는다. 필자에게 이 두 권의 책은 신선한 느낌을 준다.

전자는 물리학 이론을 이용해 주식 시장을 설명한다. 물리학과 금융 사이에 어떤 관계가 있는지, 그리고 어떻게 물리학자들이 월스트리트의 주역이 되었는지를 밝혀준다.

한편, 후자는 세상에서 가장 빨리 가장 많은 돈을 파산위험 없이 합법적으로 벌 수 있는 주식 시장과 카지노와 경마장에서 실제로 증명된 아주 간단한 공식을 제공한다. 소위 켈리 공식이다. $G_{max}=R$로 표기된다. 여기서 G는 투자자 또는 도박가의 부의 성장 속도이고, 작은 글씨로 쓰인 max는 최대를 뜻하고, R은 정보 전달률 즉, 정보의 순도다. 결국 최대수익률(돈)은 정보 전달률과 등가이다.

수학자 및 과학자들이 보여주는 투자 방식 생각은 간단하다. 신은 주사위 놀이를 하지 않는다는 아인슈타인의 말처럼 시장도 주사위 놀이만으로 이루어지는 것이 아니라는 것을 그들은 믿는다. 주식투자를 과학으로 믿는 그들은 "우위가 0이거나 마이너스인 게임에는 판돈을 걸지 말고, 가능하면 포트폴리오를 구성하라."라고 제안한다.

주식같은 투자는 결과치를 예상할 수 없는 랜덤 워크(ramdom walks)라는 널뛰기 행보를 보이므로 함부로 결과치를 예측하려는 시도보다는 가지고 있는 자산 전체가 가능성 있는 모든 수익에 걸치도록 포트폴리오를 구성하는 것이 최적임을 설명한다.

정보가 불확실한 상황에서는 한 바구니에 달걀 여러개를 함께 두지 말고 여러 바구니에 분산하라는 것이 돈 버는 과학의 기본이다.

38

자기계발은 어떻게?

평^{범한} 일상을 보내고 있다 하더라도 우리는 나름대로 자기계발의 필요성과 중요성을 알고 있다. 남들보다 잘 살고, 내 스스로의 성취감을 위해서, 남들과는 다른 삶을 살고 싶어서 등등. 그러나 여러 이유로 현실적으로는 또 그렇게 조급하게 실천하고 있지도 않다. 꼭 그렇게 각박하게 살 필요는 없다고 생각하는 사람도 많기 때문인 것 같다. 그러나 치열한 세상에서 살아남고 더 나은 미래를 위해서라도 지금 현실에 안주하지 말고 목표를 찾아 동기를 부여해 보고 스스로 명상하면서 자신을 발전시켜 보자. 그러면 자기계발은 어떻게 해야하나.

자기계발을 위한 몇 Tip을 소개한다.

첫째. 눈으로 보이는 영상목표를 만든다.

만일 바닷가 언덕 카페를 운영하고 싶다면 그런 사진이나 영상을 책상이나 냉장고 등 내가 볼 수 있는 곳에 붙여 둔다. 막연한 생각보다는 실재의 이미지를 보면 나태해지는 마음을 다잡을 수 있는 계기가 된다.

둘째. 자기계발 목표와 계획을 잡는다.

내가 이루려는 인생의 최종 목표와 비전을 먼저 잡고, 그 후에는 연간 → 월간 → 주간 → 일일의 순서로 목표를 잡는다. 거창하지는 않더라도 대략적인 목표가 정해지면 그 목표를 달성하기 위해 해야 할 세부적인 일들을 생각해서 정리해 본다.

셋째. 자신이 좋아하는 일을 선택한다.

위대한 일을 성취한 사람들이 말하는 가르침은 "자신이 좋아하는 일을 하라"는 것이다. "천재는 노력하는 자를 이길 수 없고 노력하는 자는 즐기는 자를 이길 수 없다."라는 말도 있지 않은가.

넷째. 스스로가 자신을 인정할 만큼 열심히 살아간다.

목표를 성취한 사람들의 공통점을 살펴보면 꾸준함이다. '작심삼일(作心三日)'이라는 말에서도 알 수 있듯이 거창한 목표가 아니더라도 결심을 단단히 하고 유지한다는 것은 쉬운 일은 아니다. 아마 우리 대부분은 이런저런 핑계를 대며 오늘 할 일을 다음으로 미뤄 본 경험이 있을 것이다. 우리가 가장 경계해야 할 적은 바로 '나태함'이다.

다섯째, 선택을 줄이고 중요한 일에 집중한다.

목표를 달성하기 위해 해야 할 일은 한 가지만이 아니다. 해야 할 일을 최소화하자. 여러 가지 일에 에너지를 쏟는 것보다 중요한 일에 집중하자. 모든 부분에서 노력하기보다는 선택한 뒤에 집중해야 한다. 여러 마리의 토끼를 한꺼번에 잡으면 더할 나위 없이 좋지만 사실 어려운 일이다. 제일 필요한 한 마리만 쫓자.

39

피라미도 할 줄 아는 양보

사회생활을 하다보면 정말 화날 경우가 더러 있다. "자네 정말 이따위로 일할거야? 다시 해!", "당신 믿고 일을 맡겼는데 이게 뭐야?" 등 다양한 독설을 들을 때가 있다.

개인적인 관계라면 이런 사람들은 안보면 그만이라고 스스로 위안을 삼지만 사회생활은 그럴 수 없다.

대개 이런 사람들은 불행하게도 여전히 얼굴을 맞대고 지내야 하는 사람들이기 때문이다. 거기에 상황을 더욱 어렵게 하는 점은 이들은 결코 가벼이 맞서 대응할 수 있는 녹록한 상대가 아닌, 내 상관이라는 점이다.

이런 독설가에 맞서 이기기 위해서는 인간적으로 그들보다 더 훌륭해져야 한다. 그들이 나를 만만히 여기거나 넘볼 수 없게 내가 그들보다 더 나은 인품과 지혜를 갖추게 된다면 더 이상 그들로 인해 고통받는 시간은 없을 것이다. 그러나 그러한 것이 쉬운 일인가? ……

〈행복한 경영 이야기〉라는 책 속에서 내 마음을 끄는 글을 접하게 되었다. 임진왜란 이후 일본에서 귀화한 김충선이 후손에게 전한 절박한 생존법에 관한 글귀이다.

'너희를 해치는 이들에게 앙심을 품지 말고, 너희 자신을 들여다 보아라.'

'그들 말이 맞으면 너희가 고치면 되고, 그들이 잘못했다면 언젠가 부끄러워 할 것이다.'

'너희에게 욕설을 퍼붓는 이들이 있거든 끝까지 참고 자신을 다스려라.'

'순간의 분노는 더 큰 화를 부르는 법이다. 지는 것이 이기는 것이다.'

"사람들은 인간관계? 그게 뭐 대단한 거라고 골치 아파해", 기분 나쁘면 하고 싶은 말 다 하면 되지, 왜 참아?"라고 말한다. 물론 그들의 생각이 잘못된 것은 아니다. 그러나 네트워크로 연결된 사회에서 주위 사람들과 따뜻함을 느끼지 못한다면 무슨 재미가 있겠는가? 내 주변의 사람들과 따뜻한 마음과 정을 나눌 수 없다면 인생은 사실 아무런 의미없는 지루한 여정이 될 것이다.

경험이 풍부한 자들은 "독설가가 끊임없이 비판하고 질책하는 것은 타고난 습성 때문이다."라고 지적한다. 따라서 그들의 비판에 맞서는 것은 어리석은 일이라고 권고한다. 그들에게 이기는 방법은 다름 아닌 무시하고 져 주는 것이다. 즉, 지는 것이 이기는 것이다.

민물에 사는 작은 물고기들 중에는 피라미와 갈겨니(잉어과의 민물고기)가 가장 많다. 그런데 같은 지역에서 공존할 때 이 두 물고기는 먹이 때문에 서로 싸우지 않는다. 피라미가 갈겨니보다 약하지는 않지만, 피라미가 자신의 먹이 일부를 갈겨니에게 기꺼이 양보함으로써 경쟁을 피하고 서로 잘 사는 길을 택한 것이다.

그렇다! 한낱 미물들도 양보할 줄 아는데, 오늘 하루만이라도 독설 대신 상대를 인정하는 말로 부드럽게 대해 보면 어떨까.

40

'스티브 커' 리더십

경 영사상가 짐 콜린스(Jim Collins)는 "가장 바람직한 리더란 겸량(애정어림)과 의지를 지닌 리더다."라고 한다. 그는 좋은 기업을 위대한 기업으로 도약시킨 리더들을 연구한 결과 '이들 대부분은 겸량하면서도 의지가 굳고 변변찮아 보이면서도 자질로 가득한 두려움이 없는 이중성을 지닌 삶들'이었다고 지적하고 있다.

미국 농구 2014~2015년 NBA 시즌이 골든 스테이트 워리어스(Golden State Warrios)의 우승으로 막을 내렸다. 워리어스는 정규 시즌 최다승을 하였고, 플레이 오프전에도 우승하여 누구도 이의를 제기할 수 없는 NBA 최고 팀으로 우뚝 섰다.

이와 같은 위업은 선수들이 잘 뛴 결과지만 그 뒤에는 초보 감독 스티브 커(Steve Kerr)의 리더십이 자리하고 있다고 미국 언론은 보도했다. 언론은 "올 시즌 워리어스 전력은 지난 해와 별반 다르지 않았고 좋은 팀이긴 했지만 챔피언감은 아닌 듯 보였다. '굿 팀'이라는 평가를 받던 워리어스를 '그레이트 팀'으로 변모시킨 것은 스티브 커의 리더십이기 때문이라 해도 과언이 아니다."라고 보도한다.

현역시절 최고의 슈터였던 커는 애리조나 대학과 NBA에서 뛰면서 여러 차례 우승을 맛 보았다. 이런 경험들은 최고의 명장들이 지닌 리더십을 직접 체험하고 배우는 기회가 됐었을 것이다. 하지만 워리어스에서 생애 첫 지도자 생활을 시작한 스티브 커를 뛰어난 리더로 만들어 준 것은 그가 본래부터 지니고 있던 자질의 힘이라고 봐야 한다고 전문가들은 말한다.

스티브 커는 무엇보다 농구에 관한한 똑똑하다. 농구에 대한 그의 전략적 이해와 예민함은 농구 해설자로 방송하던 시절 이미 입증됐다. 그리고 이런 똑똑함은 NBA 결승 시리즈에서 다시 한 번 빛났다. 워리어스가 1승 2패로 위기에 몰리자 그는 아무도 예상치 못한 카드를 꺼내 들었다. 맥을 추지 못하던 장신 대신 기동력이 좋은 단신을 센터로 선발 기용하는 과감한 승부수를 던져 승리한 것이다. 통념을 깨뜨린 파격적 발상이었다.

이처럼 리더의 전략적 능력은 필수적이다. 하지만 기나긴 정규 시즌과 플레이오프를 치르면서 이것만으로 팀을 지도하는 데는 한계가 있다. 특히 개성이 강하고 자존심 센 NBA선수들을 이끌때는 더욱 그렇다.

스티브 커는 인간에 대한 이해와 애정을 지닌 리더라는 평을 듣는다. 그는 평소 워리어스 구단 선수들에게 농구와는 전혀 관련 없는 읽을거리를 주곤 한다. 알 파치노에서부터 쓰레기 더미를 뒤지며 사는 인생에 관한 에세이까지 두루두루 섭렵하며 다양한 군상들의 삶을 이해하려고 노력한다. 그는 선수들에게 수시로 '농구를 넘어서 또 다른 삶이 있다'는 사실을 상기시켜 주기 위해서였다.

팀 성공의 공을 모두 선수들에게 돌리고 평소 거리낌 없이 스킨십을 하는 스티브 커가 하는 말이기에 선수들은 귀를 기울인다.

41

일관성의 미학

우리들 마음 속 깊이 자리잡고 있으면서 소리 없이 우리에게 영향력을 미치고 있는 법칙이 있는데 다름 아닌 '일관성의 법칙'이다.

심리학자들은 일관성이란 '우리가 지금까지 행동해 온 것과 일관되게 혹은 일관되게 보이도록 행동하려 하는 것의 맹목적인 욕구이다.'라고 정의하면서 일관성의 욕구가 인간 행동을 결정짓는 가장 중요한 동기라고 주장 한다.

이를 활용한 마케팅 사례가 로버트 치알디니(Robert Cialdini)의 〈설득의 심리학〉에 소개되어 있다. 크리스마스 시즌 후에도 호황을 지속할 방법이 없을까를 고민하던 한 장난감 제조업체가 있다. 그 회사는 크리스마스 시즌에 경주용 자동차 장난감을 대대적으로 광고하여 구매 욕구를 유도한 후 제품을 판매점에 공급했다. 장난감을 사려고 갔을 때 자동차 장난감이 품절됐기 때문에 어른들은 할 수없이 다른 비슷한 가격의 장남감을 사주게 된다.

크리스마스가 지나서 장난감 판매 침체기에 들자 다시 경주용 자동차를 대대적으로 광고했다. 자녀들은 "아빠! 저 장난감 사주기로 약속했잖아요?"라고 떼를 쓰게 되고 부모들은 약속을 지키기 위해 장난감 가게로 발걸음을 옮기게 된다는 내용이다.

한편 일관성의 미학이 깨지는 것은 욕심으로 인해 평소의 마음가짐을 잃었기 때문이라고 심리학자들은 지적한다. 재미있는 예가 골프 칠 때이다. 사람들은 "오늘은 왜 이리 잘 안 돼?"라고 투덜거리며 골프를 친다. 당연히 게임에서 질 수 밖에 없다. 머리에는 게임에 이겨야 한다는 욕심만이 있기 때문에 일관성을 잃어버린 것이다.

남보다 월등하게 드라이버 비거리를 내겠다는 욕심에 평균 비거리는 오히려 짧아지고, 수 많은 미스샷이 나오게 된다. 거리는 도구에 맡기고 편안한 마음으로 스윙을 하면 되는데, '롱 아이언은 더 멀리 보내야 하니깐…'라는 생각으로 어깨에 잔뜩 힘이 들어가고 '저기 물이 있네. 꼭 넘겨야지'라는 생각을 하기 때문에 실패한다.

일관성이 무너지는 또 다른 이유는 '선택적 기억'이다. 선택적 기억이란 사람들이 자신을 지배하는 가치, 태도, 신념 및 행동과 일치하는 내용은 기억하고, 그것에 일치하지 않는 내용은 잊어버리는 습성을 말한다.

가치의 변화에 따라서 기억 속에서 잊는 것도 중요하지만 일관성의 법칙을 존중하며 평범심을 가진 사람이 되어야 하지 않을까?

42

성공할 수밖에 없는 당신

바^{야흐로} 좋은 리더가 대우받는 시대다. 성과 좋은 조직을 보면 어김없이 탁월한 리더가 존재하기 때문이다. 많은 사회 교육에서 리더십 과목이 주목되는 이유다.

그럼 리더십은 어떻게 만들어지는 것일까? 보통 한 조직이나 팀을 이끌어가는 사람을 리더라고 하고, 리더로서 이끌어가는 능력을 리더십이라고 한다.

그러면 어떤 리더십이 훌륭한 것일까? 리더십에 대한 초기 연구자들은 존경받은 리더와 일반 사람을 비교해 리더들의 공통적인 특징을 찾으려 했다.

예를 들어 과거에는 삼국지에 나오는 관우처럼 체격이 좋고 청룡언월도를 휘두를 수 있으며 천리마를 다룰 줄 아는 사람, 오늘날의 디지털 시대에는 자신만의 독특한 개성으로 디지털 문화를 선도할 수 있는 빌게이츠 같은 사람이 리더라는 것이다.

한편, "부하들이 없으면 리더십도 없다."며 리더십의 극대화를 위해 부하직원의 능력에 따른 다양한 리더십 유형이 발휘돼야 한다고 믿는 학자들이 있다. 이들을 상황 이론가라 칭한다. 그들은 부하직원의 상황에 따라 리더십 스타일을 달리해야 한다고 강조한다. 상황 이론가의 대가인 켄 블렌차드(K. Blenchard) 교수는 상황을 잘 파악해 조직이나 팀을 이끌면 고래도 춤추게 할 수 있다고 했다.

경기가 어려워지면 과거 유명한 CEO들의 리더십이 자주 대화에 등장한다. 5만분의 1 백사장 지도로 조선소 건설자금을 빌린 현대그룹 창업주 고(故) 정주영 회장의 리더십은 단골 에피소드이다. 4차 산업시대로 접어든 경영환경에서 다양한 리더십들이 다시 소개되고 있다.

리더의 영웅적인 능력이 강조되는 카리스마(Charisma) 리더십, 부하를 아끼고 섬기는 서번트(Servant) 리더십, 리더와 부하간 각기 필요로 하는 것을 거래를 통해 효과적으로 도출한다는 거래적(Transactional) 리더십 등 리더십 종류도 많다. 5G 통신시대를 맞이하여 당신은 리더십을 어떻게 만들고 발휘해야 할지 감이 오나요? 언제 어디서나 통하는 마법 같은 리더십은 존재하지 않는다. 다만 상황에 맞게 조직 구성원을 존중하는 마음으로 자신과 조직, 그리고 조직 구성원들에게 맞는 방법을 찾고, 이를 상황에 적용시키려는 자세가 더 중요하다. 이것이 바로 훌륭한 리더가 되는 출발점이라는 생각이 든다. 리더는 선천적이든 후천적이든 다음과 같은 리더의 자질이나 특성을 지니고 있으면 금상첨화(錦上添花)다.

여러분은 몇 가지를 지니고 있는지요. 다음의 특성을 지니고 있는 당신! 당신은 성공할 수 밖에 없다.

- 나는 모든 것을 할 수 있다.
- 나는 부족함을 느끼지 않는다.
- 나는 근심 걱정이 없다.
- 나는 세상을 이길 수 있는 능력을 지닌 자이다.
- 나는 항상 넘치는 여유의 마음으로 사는 자이다.
- 나는 내 능력에 맞는 결과를 추구한다.
- 나는 상호 이익(win-win)의 원칙을 최대한 존중한다.
- 수확 체증의 법칙(Increasing returns to scale)을 철칙으로 실행한다.
- 나의 재능보다 우리의 재능을 중시한다.

43

자기 평가는 약인가? 독인가?

사^{업상} 대학교 출입이 잦은 필자는 교수들로부터 자주 듣는 말이 있다. 그들은 매 학기가 끝나면 학생들로부터 강의 평가를 받고 필요하면 교수 스스로 자기 평가(self assessment)를 하여 학교 당국에 보고해야 한다고 푸념을 듣는다.

푸념은 자신의 권위가 인정받지 못하고 있다고 느낀데서 나온 것 같다. 이런 분위기는 기업에도 마찬가지다. 오늘날 기업들은 직원들 스스로 자신의 역량을 평가하는 '자기평가' 제도를 도입하여 인사고과에 활용하고 있다고 한다.

사실상 스스로를 평가한다는 것은 양면성을 갖는다. 약이 되기도하고 독이 되기도 한다. 자신의 역량을 발견하고 재평가해 본다는 긍정적인 면도 있지만, 대부분 반가운 일로 여기지 않는다.

자신의 업적과 성과를 드러내면서도 자기 자랑처럼 들리지 않게 말하는 것은 쉬운 일이 아니고 때로는 남사스럽다. 그러나 기업은 직원들의 자기평가가 자신의 경력 발전에도 도움이 되고 회사에 귀중한 피드백도 제공할 수 있게 하는 방법이라는 측면에서 적극적으로 활용하고 있다.

로버트 하프 테크놀로지(Robert Half Technology)의 존 리드(John Reed)에 따르면, "자기평가는 인사고과의 중요한 부분이며, 자신의 성과를 스스로 평가할 기회이기 때문이다."라고 전제하고 "본인이 인사고과의 주체다. 지난 해를 돌아보고 그동안 어떤 일을 했는지, 집중하고자 하는 분야는 무엇인지 경영자에게 알려줘야 한다."고 강조했다.

아울러 효과적인 인사고과 절차를 갖춘 회사들은 자기평가를 두가지 목적에 활용한다고 지적한다. 첫째는 직원들에게 자신의 성과를 평가할 시간을 따로 주기 위해서고 둘째는 직원 본인이 직장에 미치는 영향을 이해하고 있는지를 경영자가 파악하는데 도움을 주기 위해서다.

일부 사람들은 자기평가는 '닻 내림 효과'(Anchoring Effect)를 내기 때문에 금해야 한다고 강조한다. 닻 내림 효과는 판단과 의사

결정을 할 때 의식 또는 무의식적으로 제시되는 어떤 것이 그 판단과 의사 결정에 영향을 끼치는 효과다. 한 슈퍼마켓에서 한 제품에 대해 10% 할인 행사를 했다. '1인당 10개 한정'이라고 안내판에 적었다. 고객은 1인당 평균 7개 제품을 구매했다. 그런데 며칠 후, '무한정 구매 가능'이라고 적었다. 이때는 고객이 1인당 평균 3~4개 이하를 구매하는데 그쳤다. 슈퍼마켓 주인의 의도와는 달리 구매자는 그 제품은 아무 때나 구매할 수 있고 또한 제품이 팔리지 않아서 할인한다고 판단했기 때문이다. 이것이 바로 닻 내림 효과다. 자기평가에도 닻 내림 효과가 존재한다.

   자기평가가 독이 될 것인지 아니면 약이 될 것인지는 자기 하기 나름이다.

- 당신에게 지금 당장 가장 큰 우선 순위는 무엇인가?
- 당신은 원하는 결과를 위해 점진적으로 나아가고 있는가?
- 집중했으면 하는 부문이 있는가? 있다면 무엇인가?
- 어디에 더 많은 시간과 에너지를 쏟았으면 하고 생각하는가?
- 어떻게 하면 일을 더 쉽게 할 수 있는가?

44

CSR, 웃음 그리고 사랑

요 **사이** 기업의 광고를 보면 제품 광고보다는 사회적 책임 (CSR: Corporate Social Responsibility)을 다하는 기업이라는 용어가 자주 등장한다. 기업 윤리를 전공한 교수에게 "기업의 사회적 책임이 무엇이에요?"라고 물으니, 오늘날의 무한 경쟁에서 기업이 생존하기 위해 요구되는 필수적 관리기법이라고 한다.

내 회사 운영하기도 힘든데 무슨 사회 책임까지 떠맡아야 하는가? 법 잘 지키고, 세금 잘 내고, 직원들 해고 안 하고, 월급 잘 주면 되는 것 아닌가?라는 생각에 다시 반문한다.

이를 전공한 교수가 "글로벌 추세예요. 대기업은 물론이고 작은 회사도 신경 써야 할거예요."라고 말하면서, "사장님도 이제는 CSR 관리 좀 하시죠?"라고 웃으면서 말을 덧붙인다. "여유 자금도 없는데, 조그만 회사가 무슨 CSR을 해요?"라고 반문하니, "큰 돈 안 들이고도 가능해요. 뭐 어려운 것 아니에요. 직원을 사랑으로 대하고 사업장을 웃음으로 가득 채워만 줘도 됩니다. 그게 CSR이에요."

직장에서 상사로부터 사랑을 받고 웃음으로 가득 찬 직장 분위기에서 지내다 퇴근한 직원의 가정은 화목으로 가득하므로 혼탁한 사회를 밝게 하는데 책임을 다한다고 덧붙여 설명해 준다. "그러면 나도 CSR 경영을 하고 있네요."라고 말했다. 사실 난 몇몇 안 되는 직원을 항상 웃음과 사랑으로 대하려고 부단히 노력하고 있다. 회사가 CSR로써 베푸는 웃음과 사랑이 사회와 가정에 이렇게 중요할 줄이야.

가정에도 CSR을 하면 어떠할까? 내 가정부터 CSR을 관리할 것을 다짐하면서 정연복의 '웃음을 위한 서시'를 음미해 본다.

꽃이 없는 세상은
얼마나 삭막할까
웃음이 없는 삶은
얼마나 쓸쓸할까

하루 세 끼니의 밥이

육신의 양식이듯

하루 몇 번의 웃음은

정신의 양식

힘들고 괴로운

날들이 많은 삶일지라도

가끔은 꽃같이

그냥 환하게 웃자

내가 먼저

웃음꽃 한 송이를 피우자

45

금융 문맹

우리나라 사람들은 도박놀이를 참 좋아하는 것 같다. 세 명만 모여도 "고스톱 한 판 어때?"라는 제안이 나온다. 이러한 태도는 우리나라 사람들은 대개 자기 자신이 특별하다고 생각하여 남들은 다 잃더라도 나만은 딸 것이라는 근거 없이 낙관하는 사람들이 많기 때문이라고 한다. 그렇다면 우리나라 사람들은 도박을 추구하는 인자를 가진 민족인가?

'투자하는 법' 강연회에서 들은 이야기다. 모 강사가 우리나라 사람들은 위험 선호 태도를 살펴볼 필요가 없다고 한다. 대부분 사람이 생각하는 위험 기준은 '원금 보장'이고, 반면 바라는 수익률은

'적어도 두 배 이상'이라는 것이다. 쉽게 말하면 위험은 부담하지 않고 대박만 바라는 도박성향이 강하다는 의미다. 너무 과장된 이야기라는 느낌이 들지만 그래도 공감이 된다. 그러면 도박사와 투자자는 무엇이 다른가? 도박사는 위험을 좋아하지는 않지만, 투자자는 목표수익률에 따른 위험을 받아들일 준비가 되어 있다. 도박사는 위험에 대한 비용을 치르려 하지 않지만, 투자자는 위험을 관리하면서 그 위험에 대한 책임을 진다.

아이러니컬하게도 극도의 위험회피 경향을 가진 우리네 일반 서민은 도박사와 비슷한 성향을 지니고 있다. 원금손실이 너무나 두려워 절대적으로 안전한 자산에만 관심을 두고 위험에 대한 모든 책임을 금융기관에만 지우려 한다. 이러한 사람들을 '금융 문맹'이라고 부른다. 이 용어는 1987년부터 2008년까지 19년간 미국 연방준비제도이사회(FRB) 의장을 역임하며 세계 경제를 호령한 앨런 그린스펀이 한 말이다. 그는 "문맹은 생활을 불편하게 하지만 금융 문맹은 생존을 불가능하게 만들기 때문에 문맹보다 더 무섭다."라고 금융 문맹의 위험성을 지적했다. 1990년대 미국 경제가 사상 최장기의 고성장을 지속하는데도 저축률 저하, 민간부채 증가, 개인파산이 급증하면서 사회 문제로 심화 되었다. 이러한 문제성의 대두는 돈의 관리 방식을 모르는 데서 문제가 비롯됐다는 분석이 제기되면서 '금융 문맹'이라는 단어가 사용된 것이다.

글자를 읽고 쓸 줄 모르는 '문맹'처럼 일상생활에서 금융이 차지하는 비중이 커지면서 관련 지식이 부족하면 국민 개인 삶의 질이 저하될 수 있다. 더 나아가 사회적으로도 금융 위기가 올 수도 있다. 스스로 자신의 인적자본 투자 차원에서라도 금융 문맹 탈피 교육을 받는 것이 생활의 지혜가 아닐까?

46

법이 있어야만 살 사람

살다 보니 강하게 깨닫는 것이 하나 있다. 사람을 쉽게 믿으면 안 된다는 사실이다. 그렇다. 정말로 별의별 사람들이 다 있는 게 이 세상이다. 믿을만한 사람과 믿어서는 안 될 사람을 구분할 수 있는 능력은 복이다.

미국 펜실베니아 경영대학원 애덤 그랜드(Adam Grant) 교수는 사람들은 3가지 부류로 나뉠 수 있다고 한다.

- 주는 것을 더 좋아하는 기버(Giver)형
- 더 많이 받으려고 하는 테이커(Taker)형
- 받은 만큼 상대에게 돌려주는 매처(Matcher) 형

이 중 남을 기꺼이 도우려고 하며 남을 배려하고 양보하며 베풀고, 때로는 자신을 희생하기도 하는 사람들을 '기버'라 부른다. 우리는 이런 사람들을 심성이 착하다고도 하며 '법 없이도 살 사람'이라는 표현을 쓴다. 그런데 애덤 그랜트 교수는 우리가 기버라고 부르는 이들은 이기적인 인간들에게 이용당하고 정작 자신은 손해를 보는 경우가 많다고 지적한다. 남을 돕는 기버들은 좋은 성과를 내지 못하는 비율이 높은데, 이유는 동료의 요청을 거절하지 못해 남을 돕는데 시간과 에너지를 쓰느라 정작 본인의 일에는 소홀해지고, 이로 인해 이들은 일과 후나 주말에 자신의 일을 하게 되어 결국에는 스스로 손해 보기 때문이라고 설명한다. 테이커에게 이들은 호구(Doormat)가 된다. 이런 상황은 "인간은 이기적으로 타고 난다. 따라서 관대함과 이타주의는 가르쳐야만 한다."라고 지적하는 진화 생물학자 리처드 도킨스(Richard Dawkins)의 관점에서 보면 새삼스러운 것은 아니다.

그러나 여기에서도 문제가 존재한다. 기업이라는 조직에는 반드시 '경쟁'이라는 제도가 존재하는데, 테이커와 기버들의 경쟁을 어찌 막을 수 있겠는가? 경쟁에서 테이커들은 기버의 도움을 바탕으로 자신의 기대된 성과를 충분히 달성함으로써 승자가 되기 마련인 것이다. 그러면 법 없이 살 사람들은 항상 손해를 보는가? 기버들은 항상 실패자가 되는가? 성공한 기버들도 있을 것이다.

그러면 실패한 기버들과 성공한 기버들의 차이점은 무엇일까? 애덤 그랜트 교수는 유연한 전략을 사용하느냐 못하느냐에 달려 있다고 지적한다. 성공한 기버들은 언제 도와줘야 할지 어떤 방법으로 도와야 할지 언제 돕지 않아야 할지에 관해 나름의 원칙을 가지고 대처한다고 설명한다. 예를 들어, 무조건 상대를 돕기보다 처음에는 도움을 제공하고 그들의 행동 패턴을 살핀 후에 만약 테이커라는 것이 확인되면 그들에게 도움을 제공하지 않거나 좀 더 신중하게 대하는 방식이다.

"적어도 정의로운 사회로 발전하려면 테이커들이 부당하게 기버들을 이용하지 못하도록 보호해 주는 법적 장치가 마련되어야 하는 것은 아닌지?"하는 생각이 든다. 이런 관점에서 기버들은 '법 없이도 살 사람'이라고 표현하기 보다는 실상은 '법이 있어야만 살 사람'이라는 말이 더 잘맞는 표현이 아닌가 싶다.

47

나노 기술, 희망인가 재앙인가

신 **제품이** 출시되면 대부분의 광고는 신 제품이 나노 물질로 만들어졌다고 광고한다. 나노 세상이다. 나노(nano)라는 단어는 그리스에서 난장이를 뜻하는 나오스(nanos)에서 나온 것으로, 1 나노미터는 10억분의 1미터이다.

성인 머리카락 굵기의 10만분의 1이라고 생각하면 된다. 물질이 나노 규모로 쪼개지면 물질 반응의 속도가 빨라지고 간섭도 줄어드는 성질이 존재한다고 한다. 이런 성질들을 이용하면 새로운 물질이 기하급수적으로 만들어질 수 있기에 나노 기술이 매우 중요한 것이다.

현원복의 〈나노 기술과 인간 : 알기 쉬운 나노 기술 100가지 이야기〉라는 전문서적을 읽어 보았다. 여러 가지 획기적인 이야기가 등장한다. 이러한 이야기들을 접할 때 흥미로운 점은 과학자들은 항상 자신의 기술이 인류 번영에 혁명적인 것이고, 노벨 수상감이라고 주장한다. 그러나 신기술의 역사적 발전 과정을 보면 이러한 주장에 반하는 결과도 역시 만만치 않았다.

우리 주변에 흔한 석면의 경우 초기에는 일상생활에 굉장히 유용한 물질로 취급받았지만 오늘날에는 대표적인 발암물질로 밝혀졌으며, 레이첼 카슨(Rachel Carson)는 자신의 저서 〈침묵의 봄(Silient Spring)〉에서 살충제 중 하나인 DDT가 생태계를 파괴하는 악영향 물질이라고 경고하였다.

DDT는 1874년 처음으로 합성되었으나, 1939년까지 이 물질이 곤충에게 독성을 준다는 사실을 밝히지 못했다. 지금은 사람에게 암을 일으킬 수도 있는 물질로 알려져 세계보건기구 산하 국제암연구소는 2015년 DDT를 그룹 2A 발암물질(사람에게 암 발생 우려 있음)로 분류하였다.

이처럼 나노 물질 개발만이 만능은 아니다. TSR(Technology Social Responsibility)이라 불리는 기술의 사회적 책임이 정립될 경우 나노 기술은 우리에게 창조의 축복이 될 것이다.

48

장수하는 Tip

1 00세 시대라 한다. 건강 관리만 잘하면 장수할 수 있는 좋은 세상에 우리는 살고 있다. 솔개는 가장 장수하는 조류로 알려져 있다.

솔개는 최고 약 70살의 수명을 누릴 수 있는데 그냥 장수할 수 있는 것은 아니다. 솔개는 약 40살이 되면 발톱이 노화하여 사냥감을 쉽게 잡아챌 수 없게 된다. 부리는 가슴에 닿을 정도로 길게 자라고, 또한 깃털이 짙고 두껍게 자라 날개가 매우 무거워져 하늘로 날아오르기가 힘들게 된다. 이런 솔개에게는 두 가지 선택이 있을 뿐이다. 그대로 죽을 날을 기다리든가 아니면 거의 6개월에 걸친 부리, 발톱, 깃털을 모두 가는 매우 고통스러운 갱생 과정을 수행하는 것이다.

갱생의 길을 선택한 솔개는 먼저 산 정상부근으로 높이 날아올라 그곳에 둥지를 짓고 머물며 고통스러운 갱생 과정을 시작한다. 먼저 부리로 바위를 쪼아 부리가 깨지고 빠지게 만든다. 그러면 서서히 새로운 부리가 돋아나는 것이다. 그런 후 새로 돋은 부리로 발톱을 하나하나 뽑아낸다. 그리고 새로 발톱이 돋아나면 이번에는 날개의 깃털을 하나하나 뽑아낸다. 이리하여 약 반년이 지나 새 깃털이 돋아난 솔개는 완전히 새로운 모습으로 변신하게 된다. 변신에 성공한 솔개는 다시 힘차게 하늘로 날아올라 30년의 수명을 더 누린다.

이렇듯 그저 주어지는 장수는 없다. 우리 인간도 갱생 과정을 잘 수행하면 100세 시대를 맞을 수 있다. 갱생을 위한 몇 가지 Tip을 생각해 본다.

1. 화를 내지 말자.

　　흥분할 때마다 수십만개의 뇌세포가 사라진다.

2. 좋은 물을 많이 마시자.

　　몸도 마음도 머리도 육체도 맑아진다.

3. 성격을 바꾸자.

　　낙천적인 사람은 치매에 잘 걸리지 않는다.

4. 뇌에 좋은 음식을 섭취하자.

   뇌가 젊어야 육체도 젊어진다.

5. 콩으로 만든 음식을 먹자.

   콩은 뇌에 좋은 단백질 덩어리다.

6. 계란을 많이 먹자.

   노른자 콜레스테롤! 신경쓰지 말자.

7. 멸치를 자주 먹자.

   멸치는 보약이다. 식탁 위에 두고 자주 먹자.

8. 치아가 망가지면 바로 고치자.

   이는 하늘이 준 오복 중에 하나다.

9. 호두를 굴리자.

   혈을 자극해 온 몸을 따뜻하게 해 준다.

10. 손을 많이 사용하자.

    화가와 글쓰는 사람은 치매가 적다.

11. 가운데 손가락을 자주 마찰하자.

    뇌에 올라가는 혈을 자극하면 뇌가 즉각 반응한다.

12. 손을 뜨거울 때까지 비비자.

    손으로 온 몸을 마찰하라. 피부 건강에 좋다.

49

비옥취사(比玉聚沙)

군자의 만남은 옥이 서로 만나는 것처럼 서로를 밝혀주고 자신의 빛을 잘 유지한다는 비옥(만날 比 구슬 玉)이고, 소인의 만남은 모래가 서로 섞이는 것처럼 잘 부서진다는 취사(모일 聚, 모래 沙)이다. 인간 관계가 모래알처럼 이합집산이 난무하는 오늘날 시대에 한번쯤은 되새겨 보아야 할 귀한 경구다.

미국에서 80년 넘게 해로하는 부부가 있어 화제다. 코네티컷주 롱아일랜드 해협 인근에 사는 존(John, 102세)과 앤(Anne, 98세) 베타르(Beta-le) 부부의 이야기다. 이 부부의 결혼 생활은 '사랑의 도피'로 시작되었다.

코네티컷주 시리아 이민자 마을에서 함께 자란 이들은 남몰래 사랑을 키워오다 1932년 뉴욕으로 도망쳐 가정을 꾸렸다. 당시 존의 나이는 21살, 그리고 앤은 17살이었다. 가족의 뜻에 따라 20살 연상의 남성과 결혼하기로 했던 앤이 '이웃집 오빠' 존과 도주하자 마을은 발칵 뒤집혔다고 부부는 회고했다. 존은 부부가 해로 할 수 있는 비결에 대해 "언제나 아내의 뜻을 따르는 것"이라고 귀띔했다.

　부부는 지금도 거주하는 이 집에서 5명의 자녀를 모두 키워냈고, 슬하에 14명의 손자와 16명의 증손자를 두었다. 2013년 장녀의 나이가 여든이나 되었다. 존은 "우리는 언제나 함께 있을 것"이라고 말했고 앤은 부드럽게 "어디에 있든 간에요"라고 덧붙였다. 이같이 인생을 살면서 비옥이 되는 좋은 배우자를 만났다는 것은 행운이다.

　친구 만남이 비옥이면 더욱 좋다. 친구는 쉽게 헤어질 수도 있기에 비옥같은 친구를 만나는 것은 행운이다. 처음에 만날 때는 의기가 맞아 친구 사이로 지내지만 시간이 지나면서 이해관계에 따라 멀어지기도 하고, 처음에는 담담했지만 시간이 지날수록 은근한 향기와 기품이 느껴져서 오랫동안 좋은 관계를 유지하기도 한다. 그래서 좋은 친구라고 여기면서 먼 길을 마다하지 않고 찾아가 만나는 것은 너무나 행복한 일이다.

"군자들이 친구를 사귀는 것은 처음엔 물처럼 담담하지만 그 사이가 오래가고, 소인들이 친구를 사귀는 것은 처음엔 술처럼 달콤하지만 이해관계에 따라 만나기도 하고 헤어지기도 한다."라고 옛날 선인들은 이야기했다.

유성룡(柳成龍)도 비옥취사를 인용했다. 군자들의 친구 관계는 옥이 모이는 것과 같은데, 그것은 서로 친하기가 따뜻하면서도 엄격하게 자신을 지키기 때문이며, 소인들의 친구 관계는 마치 모래를 모아놓은 것과 같아 처음 만남에는 서로를 가리지 않고 양보하고 격려하면서 잘 사귀나, 끝에는 이해관계가 사라지면 얼음이 녹듯 인간관계도 사라진다고 지적했다.

50

적당한 거리 - proper distance

절^친 친구와 친구들 모임에 참가하다 보면, "너희 둘은 너무 친한 것 같아, 적당한 거리를 두고 만나"라는 말을 듣곤 한다. "친하면 거리를 두지 않고 사귀어야지, 뭐하러 거리를 두라는 것인가?"라고 생각해 본다. 사람들은 왜 인간관계에서 적당한 거리를 두라고 하는 것인가? 그 뜻은 무엇일까?

나무를 보자. 다행스럽게 나무가 토양이 좋고 기후가 좋은 지역에 자리 잡으면 만사 'OK'다. 그런 행운은 드물다. 대부분 나무는 뜨거운 햇빛이 내리쬐는 땅 위에서, 또는 온종일 비가 내리는 땅 위에서 자란다. 이런 척박한 환경에서는 다른 나무가 너무 붙어 있으면 두 나무 다 죽기 쉽다. 적당한 간격을 유지하는 것이 좋다. 그러면 한 나무만 있으면 좋은 것 아닌가? 아니다. 다른 나무가 적당히 곁에 있어야 바람이 불어도 서로 막아주고 외롭지 않다.

우리 인간관계도 유사하다. 서로가 너무 가까이 지내다 보면 그 간격을 자꾸 잊게 된다. 부모는 자녀를 소유하려고 하고 친구가 나만의 것인 양 독점하려는 욕심도 솟아난다. 그러다 보면 마음이 다치고 미움도 자란다. 적당한 거리 유지가 필요하다. 말로는 쉽지만 실천하기는 어렵다. 가까워지면 그 사람에 대해서 다 알아야 하기에 어느 순간에 집착과 간섭이 된다. 적당한 거리를 두고 떨어진 거리만큼 사랑도 이해도 깊어지기에 비로소 서로의 참모습을 알 수 있다.

너무 가까워도 탈이 나고 너무 멀어도 문제인 게 사람과 사람 사이의 거리다. 게다가 우리가 맺는 수많은 관계마다 제각각이니, 인간관계의 거리를 단적으로 결정하는 것은 쉬운 일이 아니다. 거리를 좁히려는 사람은 '격이 없어야 한다'를 주장하고, 거리를 두고 지내려는 사람은 가까울수록 '선을 지켜야 한다'고 주장한다. 과연 서로 상처받지 않으면서 사람과 사람 사이에 적당한 거리를 두는 방법은 무엇일까?

거리 조절의 정답은 나에게 있다. 남이 거리를 좀 두라고 말할지라도 가까이 한 내 스스로가 행복을 느끼면 그 거리가 정답이다.

거리 두기의 가장 기본 방법은 '나의 행복은 내가 지킨다.'라는 자세로 거리를 유지하는 방법이다.

예컨대 술만 마시면 울면서 한풀이하느라 나까지 불행하게 하는 사람이 있다면 그 사람과는 술자리를 피하고 가급적 낮에 만나 이야기를 나누면 된다. 내가 싫어하는 주제에 대해 자주 이야기를 하는 사람이 있다면 진지하게 그 주제를 피하든지 아니면 그 주제에 관해 이야기 하지 않았으면 한다고 미리 이야기한다.

처음에는 이런 과정이 어색하겠지만 시간이 지날수록 이런 방식이야말로 '솔직한 거리 두기'라 믿게 된다.

51

그래도 건강이죠

외^{모를} 숭상하는 풍조 자체는 특정한 국가, 민족, 시대, 성별, 나이, 교육수준, 종교에 국한되어 나타나는 현상이 아니다. 예로부터 아름다운 것을 좋아하고 추한 것을 싫어하는 것은 기준이나 취향의 차이가 있을 뿐, 인간의 사상을 이루는 근간 중에 하나로 인식되었다. 한영(韓嬰)이 쓴 시경(詩經) 해설서인 〈한시외전(韓詩外傳)〉에서도 미모를 권력·부·용기·지혜와 동급으로 보고 있다.

미모는 조정을 통솔하고 백성을 돌보는 데 쓸 수 있는 속성이라고 소개하고 있다. 아름다움은 인간은 물론이고 지각이 발달한

고등동물에서도 본능적으로 나타나는 현상이다.

성형수술 세계 1위인 대한민국. 좋은 말인지 비꼬는 말인지 잘 모르겠다. 비용이 좀 들더라도 외모 관리에 투자할 가치가 있다고 생각하고, 외모가 좋아지면 사회생활에서 자신감도 생기고 이에 따라서 경쟁력도 따라올 것으로 판단하는 경향이 있는 것은 사실이다. 얼굴은 한 사람의 이미지를 대표하는 '창'이라 할 수 있다. 그 사람의 특징이나 매력, 개성이 얼굴을 통해 드러나기 때문이다. 아무런 정보가 없는 새로운 사람을 만날 때 외모는 가장 먼저 판단할 수 있는 기준 중 하나다. 외모가 그 사람의 전부는 아니라 하더라도 상당한 영향력을 가지고 있다는 사실은 부정하기 어렵다. 루키즘(Lookism)이라 불리는 '외모 지상주의'에 관해 사람들은 외모도 능력이고 경쟁력이라고 했다.

이런 외모 관리에 대한 의식이 흔들리고 있다. 시장조사 전문기업인 트렌드모니터(trendmonitor)가 전국 성인남녀 1,000명을 대상으로 '건강 및 외모 관리'에 대한 설문조사 결과, 사람들 대부분이 건강 관리와 외모 관리가 모두 꼭 필요하다고 공감하는 것으로 조사되었다. 몇 년 전만 해도 건강 관리보다 외모 관리에 대한 필요도가 높다고 답한 응답자가 더 많았는데, 이 비율이 비슷해진 것이다. 이유가 무엇일까?

전문가들은 오래 사는 것에 대한 걱정 때문이라고 한다. 장수는 인간에게 하나의 축복인데, 우리나라의 노인 복지 체계는 사실상 아직도 매우 취약하여, 건강하지 못한 상태로 오래 산다는 것이 축복이기 보다는 걱정거리가 되기 때문이라고 그들은 지적한다. 그래서 건강의 중요성이 미모 관리 비중에 근접해 가고 있다.

사실 아름답다는 말에는 건강하다는 것을 동시에 표현한다. 반듯한 얼굴과 몸매는 그 사람의 건강과 생식 상태를 나타내는 중요한 지표이다. 건강을 먼저 유지하면서 자신의 아름다운 얼굴을 바라보는 삶의 태도를 기대해 본다.

52

물이 돈이다

지^{구상의} 모든 생명체는 대부분 수분과 단백질로 이뤄져 있고 사람도 마찬가지다. 성인 한 사람의 체내는 70%가 물로 구성되어 있고, 만약 체내 수분의 10%만 빠져도 생명을 유지할 수 없다. 3일 정도는 굶을 수 있지만 하루라도 물을 마시지 않으면 탈진 상태가 된다. 재미있는 사실은 지구의 지표면도 70%가 물로 뒤덮여 있는데, 실제로 먹을 수 있는 담수는 2.53%에 불과하다는 점이다.

물이 이렇게 중요한데도 물의 귀중함을 모르고 살았다. 어릴 적엔 친구와 함께 개울가에서 놀면서 목마르면 그저 개울가 물을 먹었고 물 걱정은 없었다. 그런데 오래전부터 많은 사람이 자연의 물을 믿지 못하기 시작해 수돗물을 정수해서 먹거나 최근에는 아예 생수를 사 먹는다. 수입품을 포함해 100개 이상의 브랜드가 치열한 경쟁을 벌이고 있다. 물이 돈이 된 세상이다.

이제는 물로써 돈을 버는 직업이 등장했다. 이색적인 직업인 '워터 소믈리에(water saumalier)'가 그 하나이다. 2000년 프랑스 파리에 콜레트 워터 바(Colette Water Bar)를 최초로 오픈, 2001년 미국 맨해튼 리츠칼튼 호텔에서 음식과 와인에 어울리는 물을 선보이면서 고객들의 관심을 끌었다. 워터 소믈리에의 역할은 맛과 영양소가 다른 전 세계 생수에 관한 정확한 정보를 고객에게 제공하는 것이며, 한국수자원공사에서는 이러한 직종을 위한 교육도 제공한다고 한다. 일명, 워터 웨이터(Water Waiter), 워터 매니저(Water Manager), 워터 어드바이저(Water Advisor)라고도 불리고 있으며 전문적인 직업으로 점차 확대 중이다. 우리나라는 물 부족 국가로 지정되어 있어 전망 있는 미래 직업으로 예측된다.

물로 돈을 버는 또 다른 직업이 있다. 물 발자국(Water footprint) 전문가이다. 물 발자국은 아르옌 혹스트라(Arjen Hoekstra) 박사가 제안한 용어로써, 생태 발자국(Ecological Footprint), 탄소 발자국(Carbon Footprint)과 같이 환경 발자국 개념의 하나이며 여기에서 언급되는 물은 농산물, 축산물, 공산품의 생산·유통·소비 단계에 사용되는 총체적인 물을 말한다. 발자국은 한 국가내의 수자원 총량 산출 시 국제무역을 통해 수출, 수입되는 물의 양까지 고려하여 산출되며 이는 해당 국가의 물 수지(Water Budget)까지 포함하여 계산한다.

물 발자국은 크게 녹색/청색/회색 물 발자국으로 나누어 산정한다. 녹색 물 발자국은 강우를 통하여 자연적으로 공급된 물로 에너지 투입이 없이 사용되는 물의 양을 가리킨다. 청색 물 발자국은 에너지를 투입해야만 사용할 수 있는 물의 양을 가리키며, 이는 제품을 생산하기 위해 사용한 관개용수와 소비·유통될 때 사용된 물의 총량이다. 회색 물 발자국은 제품이나 서비스를 생산할 때 발생하는 오염된 물의 양을 말하며, 오염원을 수질 기준에 적합하도록 정화하는데 필요한 물의 양으로 계산한다.

연구에 따르면, 소고기 1kg을 얻으려면 곡물, 건초를 재배하여 먹이고 씻기는 것을 포함해 총 16,000L의 물이 필요하고, 쌀 1kg을 얻는 데는 3,400L, 햄버거 1개에는 2,400L, 우유 1L에는 1,000L의 물이 사용된다고 한다. 비단 먹거리에만 적용되는 것은 아니다. 티셔츠 한 장을 만드는 데는 4,000L의 물이 사용되며, 청바지 한 벌에는 무려 12,000L의 물이 필요하며, 우리가 매일 사용하고 있는 A4 종이 1장을 얻는데도 10L의 물이 쓰인다고 보고되고 있다.

53

내 나이 뒤돌아 보며

사무실을 정리하던 중 잊어버리고 있었던 색 바랜 노트 한 권을 발견했다. 아주 오래전부터 중요하고 깊이 생각해 보고 싶은 글귀를 적어두는 습관이 있었다. 발견한 노트 앞 페이지에 '인생 어떻게 살 것인가?'라는 글이 있다. 속칭 인생 철학 잔머리를 굴리다가 얻은 글귀가 마음에 들어 적어 놓은 것 같다.

나름대로는 인생의 정답을 찾아 긴긴 날을 삶과 싸워 왔지만 아직도 미완성인 것 같다. 왜 미완성인지 자신을 되돌아보고 싶어 오늘 하루만이라도 미완성이 아니었으면 하고 바란다. 행복한 오늘을 기대하면서 자신을 뒤돌아보게 하는 시 한편을 읽어 본다.

내 나이 뒤돌아 보며
문득 가던 길을 멈춰서서 뒤돌아 봅니다.

꽃이 피던 세월이 있었습니다.
아지랑이 피고 새가 울고 희망에 들떠서
꿈에 부풀던 세월도 있었습니다.

그때는 그런 세월이 영원한 줄 알았습니다.
하지만 행복하던 봄은 그리 길지 않았습니다.

태풍도 불고 폭우도 와서 힘들었던 세월이 더 길었습니다.
비가 오고나면 무지개 뜨는 날도 있었습니다.

어느덧 가을
열매를 맺는 계절입니다.
어떤 열매가 열릴까요
어떤 씨앗을 뿌렸나 더듬어 봅니다.
사랑을 뿌렸을까, 희망을 뿌렸을까
행복을 뿌렸을까, 보람을 뿌렸을까

혹여 슬픔을 뿌린 건 아닌지
절망을 뿌린 건 아닌지
미움을 뿌린 건 아닌지

이제 거두어야 하는데 걱정이 됩니다.
이제 다가올 겨울을 준비해야 하는데
제 손에 수확되는 것이 무엇이 될건지

두 장 남은 달력을 보며
세월의 빠름을 생각하게 됩니다.

얼마남지 않은 한 해 최선을 다하고
감사하는 마음을 잃어버리지 않겠습니다.

- 조앤 치티스터(Joan Chittister) 수녀의
〈세월이 주는 선물〉 중에서 -

54

행복하다고 느껴요?

국민소득이 3만 불 수준으로 성장한 우리는 눈부신 경제성장을 늘 자랑스러워한다. 그렇다면, 3만 불 소득이 된 우리는 지금 행복한가? 이 질문에 대해 진심으로 '그렇다'라고 대답할 사람은 별로 없는 것 같다. 실제로 주위 지인들과의 대화 중 우연히 "지금 행복해?"라고 물어보아도 "사는 환경은 나아진 것 같아"라고 대답하지만, "지금 행복해"라고 말하는 사람은 드물다. 이는 행복이 국민소득에 따른 경제적 부에만 의존하는 것은 아니기 때문이다.

인생 후반기에 접어든 나 자신 스스로 멈춰 서서 생각을 해본다. 지금까지 무엇 때문에 '열심히' 일하고 '빨리빨리' 일했는가? 그

런데도 난 왜 진정 행복을 못 느끼는 것인가?'

워싱턴포스트'의 유능한 기자이자 두 아이의 엄마인 브리짓 슐트(Brigid Schulte)는 유익하고 간단한 답을 제공했다. 그녀의 삶에는 항상 해야 할 일 투성이다. 마감에 쫓겨 기사를 쓰다 보면 아이를 학교에서 데려올 시간이 되고, 아이에게 저녁을 차려주다 보면 중요한 인터뷰 약속 시각이다. 자신을 억누르는 상황에 백기를 든 그녀는 잃어버린 삶과 시간을 되찾기 위해 기나긴 탐구를 시작한다.

그녀는 통계적으로 '세계에서 가장 여유롭게 사는 나라'인 덴마크를 찾아가 그곳의 삶을 엿본다.

브리짓 슐트는 자신의 저서 〈타임 푸어〉을 통하여 탐구과정에서 발견한 덴마크 사람들이 충분한 여가를 누리는 이유를 설명한다. 그녀는 덴마크인들이 어떤 일과 사랑과 놀이를 할까에 대해 고민하는데 시간을 투자했기 때문이라고 지적한다. 멈추어 서서 생각할 시간이 필요하다고 주장한다. 아울러 그녀는 세계적인 사회학자와 인류학자를 만나 토의하면서 '정치'와 '이념'이 우리의 삶을 어떻게 왜곡시켰는지를 깨닫는다. 그 결과 개인적 해법도 필요하지만, 더 중요한 것은 사회적 해법이라고 지적한다. 사회는 얼마나 일을 하는 게 좋은가? 주거, 교육, 의료 문제는 어떻게 해결해야 삶이 좀 여유로워질까? 무엇을 얼마나 어떻게 만드는 게 인간다운 삶에 도움이 될까? 사람들의 대우는 어떻게 해야 모두 존중받을 수 있을까? 이런 질문이 사회적으로 필요하다고 역설한다.

행복하다고 말하지 못하는 우리, 여유롭고 즐거운 미래를 꿈꾸려면 덴마크인들같이 어떤 일과 사랑과 놀이를 할까에 대해 고민하는 데 시간을 투자하자. 그리고 삶의 질을 높이기 위해서 사회구조의 변화를 꾀하는 사회적 질문들을 가슴에 품고 열린 마음으로 친구나 동료들과 토론하자.

당장의 힘든 삶을 견뎌내면서도 희망적 대안의 밑그림을 공동으로 토론하고 설계하면서 우리부터 뭉쳐 보자. 그 속에서 우리는 행복하냐고 물어보면 "행복하지요"라고 당당히 말할 수 있을 것이다.

55

오너십(ownership)과 바로워십(borrowership)

외무고시에 합격해 외교관으로 활동하다가 일식 우동에 반해 퇴직하고 우동집을 운영하는 신상목씨라는 분이 있다. 그분이 제안한 일하는 자세가 마음에 들어 정리해 본다.

미켈란젤로가 시스티나 성당 높은 천정에서 종일 그림을 그릴 때의 이야기다. 그때 한 친구가 "자네는 사람이 볼 수 없는 부분까지 왜 그렇게 혼신을 들여 그리는가?"라고 물었다. 그는 "내 자신이 보고 있지 않나"라고 말했다. 보이지 않는다고 대충하는 것이 아니라 자신을 위해서라도 최선을 다하겠다는 마음 자세가 그를 위대하게 만든 것이다. 언젠가부터 우리 사회에서 자발적인 동기

부여와 몰입의 근인(根因)으로서 오너십(ownership)이라는 말이 자주 사용되고 강조된다. 소위 '주인의식'이라는 것으로 '내 것'이라는 인식으로 최선을 다해야 한다는 의미다.

내가 처음 사업을 시작할 때 선배 사업가 한 분이 하신 말씀이 생각난다. "직원들이 주인의식을 갖고 일하는 분위기를 만들어야 한다는 말들을 많이 하는데, 그들이 주인이 아닌데 어떻게 주인의식이 생기겠는가, 앞뒤가 맞지 않는 말이다"라는 것이다. 듣고 보니 맞는 말이다. 주인이 아닌 사람들한테 주인의식을 주문하는 것은 욕심이다. 나부터도 오너십을 강조하면 열심히 할 유인보다 열심히 하지 않을 이유가 더 많다. 세상 모든 일을 오너십으로 풀어갈 수는 없다. 새로운 발상이 필요하다.

'바로워십(borrowership)'이라는 개념이 있다. 월급쟁이 삶은 빌리는 삶이다. 소유하는 삶이 아니다. 내 직위, 내 권한, 내 업무 어느 것 하나 내가 소유하는 것이 없다. 심지어는 내가 앉아있는 의자 하나, 끄적이는 볼펜 한 자루까지 내가 쓰다가 자리를 옮기게 되면 고스란히 다음 사람을 위해 놓고 떠나야 하는 삶이다. 나에게 그러한 권한과 필요한 물건을 빌려준 것은 내가 맡은 바 소임을 소신껏 열심히 잘 하라고 사장이 빌려준 것이지 내가 호의호식하라고 선물을 준 것이 아니다. 내가 내 소임을 소홀히 하면 나에게 권한을 빌려준 사장에게 나는 면목이 없게 된다. 그러니 내 것이 아니기 때문에 책임감과 소중함을 느끼고 더욱 분발해야 한다는 발상이 가능하다. 그것이 '바로워십'이다.

인생 공수래공수거(空手來空手去)라 하는데, 우리의 존재와 삶 자체가 빌린 것이다. 어차피 다 놓고 가야하는 삶이다. 그러니 인연(因緣)의 결과이건, 신의 뜻이건 나에게 잠시 맡겨진 삶을 '갖는다'가 아니라 '갚는다'의 마음가짐으로 산다면 그것이 삶의 정수(精髓)라고 생각할 수도 있다. 에리히 프롬은 그의 저서 〈소유냐 존재냐〉에서 소유적 가치는 소비할수록 감소하지만 존재적 가치는 사용할수록 증가한다고 주장한다. 돈이나 물건은 쓰면 쓸수록 줄어들지만 창작, 예술, 사랑, 연대(連帶), 나눔으로써 얻어지는 만족감은 실행할수록 더 커진다는 것이다.

빌 게이츠나 마크 저커버그와 같은 억만장자가 그 많은 돈을 사회를 위해 기부하겠다는 것도 소유적 가치를 나눔으로써 존재적 가치를 실현하고자 하는 바로워십의 발상과 일맥상통하는 것이다.

56

승자의 저주

고대 그리스 에피루스라는 나라에 피루스(Pyrros)라는 왕이 있었다. 피루스왕은 군사 2만5000여 명을 이끌고 로마를 침공해 승리를 거두었지만 병사 가운데 70% 정도를 잃었다. 전쟁이 끝나고 피루스 왕은 "이런 승리를 또 한 번 거뒀다가는 우리가 망할 것"이라 말했다. 승리하고도 오히려 승리를 후회하는 이런 상황을 노벨경제학상을 받은 미국의 행동경제학자 리처드 세일러(Richard H. Thaler)는 '승자의 저주(The Winner's Curse)'라 불렀다.

우리는 이런 상황을 일상 경제 활동에서 자주 접한다. 몇 년 전 중국 관광객이 갑자기 늘자 우리나라 대기업들이 면세점 입찰에 달려들었다. 치열한 경쟁을 뚫고 면세점 입점권을 따낸 기업들은 축제 분위기였다. 하지만 이들이 입점하면서 면세점 간 경쟁이 치열해졌고, 여기에 사드 배치를 둘러싸고 우리 정부와 중국 정부가 갈등을 벌이면서 중국 관광객이 크게 줄어들자 일부 기업은 큰 손해를 입고 면세점 판매권을 반납하기도 했다. 엄청난 투자를 하여 사들인 면세점 권이 '승자의 저주'가 된 것이다. 우리 스스로도 살다 보면 욕심이 나서 높은 값을 치르고 산 물건이지만 곧바로 후회하는 '승자의 저주가 되는' 경우가 적지 않다. 세일러 교수는 이러한 상황이 발생하는 가장 큰 이유로 두 가지를 지적한다.

첫 번째 이유는 실수의 반복이다. '자신은 아주 합리적인 결정을 해서 가격을 지급했다.'라고 하지만 사고자 하는 대상의 가치를 정확하게 파악하지 못한 실수를 한 것이다. 예를 들어 10원짜리 동전이 가득찬 커다란 유리잔이 경쟁이 치열한 경매에 부쳐졌다고 생각해보자. 최종 낙찰가가 유리잔에 담긴 동전을 모두 합한 액수와 자신의 기대 가치보다 적으면 후회하지 않으나 낙찰가가 훨씬 높게 나오면 후회를 하게 된다. 후회의 원인은 최종 낙찰가가 유리잔에 담긴 동전이 어떤 의미를 지닌 동전인지, 정확하게 몇 개가 들어있는지를 제대로 알지 못하고 의사결정을 한 실수 때문이다.

두 번째 이유는 인간의 경쟁심과 승부욕을 들 수 있다. '일단 이기고 보자'라는 승부욕이 발동하면 사람은 이성적 판단을 하지 못한다. 물론 모든 경우 다 손해를 보는 것은 아니지만 전체 비용을 참작하면 기대한 수익을 확보하는 사례가 실제 많지 않다.

전문가들은 '승자의 저주'에 걸리지 않으려면 대상의 가치를 정확하게 파악하되, 실제 사들일 때 가치는 그보다 낮게 평가해야 한다고 권고한다. '투자의 귀재'라는 미국의 워런 버핏도 '승자의 저주'를 피하려면 경매할 때 최고 평가액에서 20% 정도를 낮춰 부르고 거기서 단 1센트도 더 얹지 말아야 한다고 조언한다. 경쟁이 치열한 현실 세계에서 이기는게 오히려 손해가 될 때도 많다는 걸 기억해야 한다. 진정한 승자가 되려면 실제 내가 손에 쥘 수 있는 가치에 집중하는 훈련이 필요하다.

57

다빈치 리더십

레오나르도 다빈치(Leonardo da Vinci)는 '모나리자', '최후의 만찬' 같은 불후의 명작을 남긴 예술의 거장이면서 동시에 뛰어난 과학자이며 훌륭한 엔지니어, 발명가, 해부학자, 축제와 파티 기획자, 악기 연주자인 만능 재능꾼이다. 지금 융합시대의 CEO 자질로서 다빈치 리더십이 주목받고 있다.

리더의 관점에서 다빈치의 장점은 무엇인가? 경제 신문인 '포브스(Forbos)'는 르네상스 리더십(Renaissance Leadership)이라 부르며 장점을 소개했다.

- 팀 플레이를 한다. 다빈치는 천재니까 외롭게 늘 혼자서 작

업한 것으로 생각하는 이들이 많다. 하지만 다빈치는 대부분 팀 플레이로 움직였다. 늘 혼자서 일했던 미켈란젤로와는 대비된다.

팀플레이로 합쳐질 때 개인의 천재성은 더 빛을 발하는 경우를 스포츠를 통해 우리는 자주 접한다.

- 습관적으로 많은 것을 기록한다. 다빈치의 휴대용 수첩에 기록하는 습관은 사망할 때까지 유지되었다. 이름과 날짜, 지출내용, 편지 초안, 빌려 봐야 할 책의 목록, 챙겨야 할 일정 등 사소한 내역 뿐 아니라 관찰한 것에 대한 정밀한 계산 등을 촘촘히 필기했다. 자기 주도의 학습을 한 것이다. 이런 습관은 이탈리아 르네상스 시대에는 매우 드문 일이었다.

- 실패하기를 두려워 않는다. 성공했던 것보다 훨씬 더 많이 실패했던 사람이 다빈치다. 그러나 많은 실패에도 불구하고 다빈치는 다시 시도하기를 멈추지 않았다. 그러한 인간 다빈치에 반한 사람이 마이크로소프트 창업자 빌 게이츠다. 그는 과학과 공학, 더 나아가 인간에 대한 끝없는 탐구심으로 지식의 경계를 넘나든 다빈치를 숭배하였다.

- '시각적 사고'(Visual Thinking) 능력의 소유자다. 다빈치는 평생 자신의 호기심과 관찰을 시각적으로 옮겼다. 그는 시각적으로 사고하고 메시지를 전달하는 방식이 문자보다 더 우수

하다고 강조했다. 오늘날 유튜브와 인스타그램에 더 환호하는 이유도 여기에 있다.

물론 다빈치 리더십에 단점도 있다. 실행력에서 2% 부족한 점이다. 많은 것에 손대다 보니 완성하지 못하고 중단한 작업도 많았다. 이런 그를 두고 조르조 바사리(Giorgio Vasari)는 '미술가 열전'에서 "레오나르도가 변덕스럽지 않고 진중한 성격이었다면 초창기부터 대가가 될 수 있었을 텐데. 그는 항상 여러 가지 분야를 배우기 위해 몰두했지만 얼마 가지 않아 대부분 작업을 도중에 그만둔다."라고 기술했다. 다빈치의 이런 태도는 사회생활에서는 계획은 잘 세우지만 계획을 끝까지 밀어붙이지 못하는 사람으로 경계의 대상이 되기도 한다.

58

끈끈한 동료애와 감사 표시

사람에게는 다른 동물에게선 살펴보기 힘든 소위 '혈족 외 사회성(nonkin prosociality)'이라는 특성이 있다. 바로 신뢰 관계를 바탕으로 한 동료애다.

인간은 혈연관계를 맺지 않은 이들과도 끈끈한 유대를 형성하는 거의 유일한 종이다. 스포츠의 세계에서는 이러한 끈끈한 동료애가 경기력 향상에 도움이 된다고 권장한다. 그래서 선후배 간의 경우 후배는 선배를 하늘과 같이 대한다. 물론 일부는 동료애가 팀의 다양성에 장애가 되고 끼리끼리 뭉쳐 경기력을 떨어뜨린다고 지적하기도 한다.

그러면 비즈니스 사회에서는 어떠할까?

보편적으로 긍정적으로 인식되고 있다. 동료 간이든 상사와 부하 간이든 동료애는 신뢰 관계 형성을 촉진하여 궁극적으로는 조직이 필요로 하는 창의력을 키워주는 장점이 있다고 평가받고 있다. 사실상 회사 내에서 이루어지는 대부분의 작업은 반복과 인내 과정이 필요한 지루한 것들이다. 개개인의 머리로만 수행하기에는 한계가 있는 작업이다. 이 과정에서 서로 신뢰하는 동료애는 원활한 의사소통을 위한 기본적인 플랫폼이 되어 주고, 조언과 격려를 활성화하는 과정에서 회사의 창의성이 강화된다. 수만 대의 컴퓨터가 연결되면 그것이 슈퍼컴퓨터가 되어 작업 효율이 압도적으로 높아지 듯 신뢰 관계 속에서 직원들의 아이디어가 모이고 소통이 활발해지면서 '회사의 슈퍼 창의성'이 싹트는 것이다.

동료애의 활성화는 회사 경영에 도움이 된다는 믿음에서 여러 회사들이 교육/훈련을 실행하고 있다. 눈에 뜨이는 방식은 '감사(gratitude)' 훈련이다. 조직 심리학자인 캘리포니아 대학교수인 로버트 에먼스(R.A. Emmons)는 혁신과 창조를 완성시키는 '목적의 힘'으로 감사 표시 훈련을 제안한다. 이 훈련이 인적 성과에 미치는 효과는 상당히 높다고 지적한다. 그는 비난이나 훈계보다는 관계의 최적화, 감사의 표시를 통해 직원들은 근로의욕이 강화되고 조직 분위기는 훈훈해져 매출이 상승한다고 말했다.

또한 동료애와 관련하여 흥미로운 연구 결과가 발표되었다. 동료애는 경쟁이 치열할수록 높다는 것이다. 캐나다 브리티시 컬럼비아 대학교의 경제학자, 패트릭 프랑수아(Patrick Francois)가 사이언스 어드밴스(Science Advances)에 기고한 바에 따르면 경쟁이 심한 업종일수록 직장 동료끼리는 더 신뢰하고 잘 협력하여 창의성이 높아진다는 것이다. 반대로 경쟁이 치열하지 않은 업종이라면 굳이 동료애를 활성화할 필요가 없다는 뜻이기도 하다.

59

구글의 자유와 몬테소리 교육

아침에 눈뜨면 나한테 온 소식이 없나? 하고 구글 메일 계정을 들여다본다. '구글(Google)'이란 기업은 세상 사람들이 매일 만나는, 만나야만 하는 기업으로 자리 잡아가고 있다. 세계 인터넷 검색 시장을 평정한 구글은 고유명사지만, 언젠가부터 '인터넷으로 검색하다'라는 뜻의 보통 동사로도 통한다. 그만큼 구글의 영향력은 막강해졌다.

구글 직원들의 자부심도 대단하다. 이들은 자신들을 '구글러(Googler)'라 부른다. 회사에 대한 직원들의 충성도도 상당히 높다. 비단 공짜 점심이나 3개월간 월급 전액을 주는 유급 출산 휴가

등의 복지 제도 때문만은 아니다. 구글은 미국 경제전문지 포천이 매년 발표하는 '일하기 좋은 100대 기업'에 여러번이나 1위에 올랐다. 어떻게 구글은 일하기 좋은 기업으로 계속 선택되고 세계 최고 수준의 두뇌를 가진 구글러들의 마음을 사로잡을 수 있었을까? 무슨 이유에서 구글 직원들은 '구글스러운(googley)' 문화에 매료되고 이를 이어가는 데 기꺼이 동참하는 걸까?

구글의 라즐로 복(Laszlo Bock) 인사 담당 수석 부사장이 답을 내놓았다. 답은 다름 아닌 바로 '업무 규칙(work rules)'이다. 그는 구글이 직원들을 어떻게 대하고 이끄는지를 설명하는 〈업무 규칙〉이라는 서적을 발간했다. 흥미로운 점은 구글이 채택한 업무 규칙의 대전제는 자유다. 구글이라는 조직은 '자유'가 최선의 결과를 낳는다는 믿음을 절대적으로 신봉한다고 저자는 설명한다. 윗사람이 아랫사람에게 일방적으로 지시하는 전통적 방식은 구글에선 통하지 않는다. 구글은 직원 한 명 한 명이 회사의 주인이라는 생각에 따라 직원에게 자유와 재량권을 준다고 설명한다. 구글 직원들은 마치 자신이 창업자처럼 자율적으로 프로젝트를 진행하고 의사결정을 내린다고 한다. 구글의 아침은 이와 같은 자유로움에서 출발한다. 이것이 구글의 핵심 성공 비결이다.

그러면 다른 기업들보다 구글은 왜 자유를 보다 더 선호하는 것일까? 자유를 중시하는 구글의 문화는 구글 공동 창업자인 래리

페이지(Larry Page)와 세르게이 브린(Sergey Brin)의 어린 시절 교육과 경험에서 싹텄다고 저자는 알려준다. 두 사람 모두 아이의 자율성과 호기심을 강조하는 몬테소리(Montessori) 교육을 받았다.

몬테소리 교육이란 이탈리아 최초의 여의사인 마리아 몬테소리(Maria Montessori)의 교육방법으로 어린이의 자유를 존중하고 자유로운 선택에 교육의 기초를 두면서도 규칙과 질서를 강조한다. 어린이가 작업에 진정한 흥미를 갖고 과제에 집중하고, 만족을 가지게 함으로써 자신의 내적 훈련과 자신감을 발달시키고 목표지향적인 작업을 선택하게 되는 과정을 중요시하는 교육방식이다.

그러나 몬테소리 교육에도 단점은 있다. 사회성을 길러주기 위한 활동이 부족하다는 등등. 그러나 우리 자신 아이들의 교육방식을 다시 한번 되새겨보면 어떠할지?

60

또 다른 나(another me)

젊은이들이 결혼하지 않고 혼자 사는 사람이 늘어나는 저출산 시대를 맞이하면서 가족이라는 의미가 퇴색되고, 가족의 가치도 약해지는 것으로 나타났다는 기사를 접하니 기성세대로서 마음이 슬프다. 자신들의 감정과 관계에 부여하되 주관적 의미와 관계의 정서를 더욱 중시하게 되면서 결혼과 가족의 의미는 점차 당위와 규범의 영역에서 선택과 관계성으로 전환되고 있다고 기사는 전하고 있다.

결혼을 검은 머리가 파 뿌리가 될 때까지의 지속성과 헌신성을 요구하는 생애사적 계기로 인식하고 지낸 기성세대들은 사람들이 중시하는 가치가 '가족 중심'에서 '나'로 옮겨지고 있는 현실을 어떻게 받아들여야 할지, 이제는 '나'가 중심인 사회인가?

> 세상의 우두머리도 나
> 세상에서 가장 뛰어난 존재도 나
> 세상의 가장 앞 선 존재도 나

이건 아닌 것 같다. 육신으로는 '나'는 하나이지만, 내면의 '나'는 타인과의 관계 속에서 여러 가지로 변해야 하는 것이 아닌가? 쌍둥이는 생물학적으로는 하나다. 그러나 그들의 내면은 다른 모습이다. 타인과의 관계에서 내면이 달라지기 때문이다.

쌍둥이를 이야기하니, 긴 생머리를 한 20대 여성 2명이 장난끼 가득한 표정으로 너무나 닮은 서로를 쳐다보는 그림이 있는 〈어나더 미(Another me)〉라는 책이 떠오른다. '나'지만 똑같은 다른 '나'의 존재를 발견하고, 서로의 필요성을 느끼면서 '나'보다는 '가족'의 가치를 재발견하게 하는 서적이기에 문득 떠오른 것이다.

〈어나더 미〉는 각각 프랑스와 미국에서 살던 아나이스(Anais)와 사만다(Samantha)가 각각 파리와 뉴욕으로 입양된 친 자매라는 서로의 존재를 알게 되면서 시작된 정체성을 찾는 과정을 감동적으로 그리고 있다. 책은 2012년 런던 이층버스 안에서 한국계 프랑스인 아나이스가 자신을 똑 닮은 아시아계 여성 사만다의 사진을 전송받는 것으로 시작된다. 영국 런던에서 학교에 다니던 프랑스 출신 여대생 아나이스 보르디에는 어느 날 페이스북을 통해 사만다 푸터먼(Samantha Futerman)이라는 미국인 배우의 동영상 링크를 보게 됐다. 그녀는 그 순간을 이렇게 회상한다. "페이스북을 열자마자 나는 깜짝 놀라 숨이 멎을 것만 같았다. 화면 속 그녀는 분명 모르는 사람이었다. 하지만 피부색은 물론이고 눈, 코, 헤어스타일, 심지어 웃는 모습까지도 나와 똑같았다." 인터넷으로 정보를 더 알아보던 아나이스는 출생일이 자신과 정확하게 똑같고, 피를 나눈 자매라는 존재를 확인한 순간 더욱 충격을 받는다.

두 달 뒤 아나이스는 용기를 내 사만다에게 메시지를 보냈다. 두 명의 미국인 오빠와 행복하게 지내던 사만다는 처음엔 이 이상한 여자를 경계했다. 그러나 차츰 페이스북 메시지를 교환하면서 둘이 쌍둥이의 존재라는 사실을 확신하게 된다. 런던에서 서울, 로스앤젤레스, 파리, 뉴욕으로 이어지는 여정을 함께 하면서 이들은 서로를 '또 다른 나'로 받아들이고, 결국은 가족으로서의 가치를 재발견한다.

"그녀의 얼굴은 내 얼굴이었지만 밝은 붉은색을 띠었고 머리카락은 헝클어져 있었다. 나는 그 자리에 얼어붙었다. 그리고 나서 내 인생에서 가장 어색한 웃음을 터뜨렸다. 나는 좀처럼 웃음을 멈출 수가 없었다. 머릿속은 텅 비어버렸고, 내 몸속은 시종일관 아드레날린을 펌프질 해대고 있었다. 덥고, 땀나고, 춥고, 흥분되는 감정이 동시에 느껴졌다. 나… 바로 나… 그녀는 나였다! 처음으로 아나이스의 얼굴을 보니 무척 놀라웠다. 내가 저렇게 생겼을 거라고는 한 번도 생각해본 적이 없었다. 내가 아니었지만 마주 보고 있는 사람은 머리끝부터 발끝까지 나였다. 그 사람은 마치 꿈속에 나왔던 내가 아는 사람처럼 느껴졌다. 예를 들면 엄마처럼, 온 인생에서 내가 지켜봐온 어떤 사람이었다. 그렇지만 어떤 이유에서인지 그녀는 전혀 모르는 사람처럼, 한 번도 만난 적이 없는 사람처럼 보이기도 했다."(책 199~200페이지에서)

가족 사랑, 가족의 의미에 대해 다시 생각해 보게 된다.

61

전액 환불 보장

케이블 시대 홈 쇼핑 채널이 치열한 광고로 우리를 유혹한다. 광고하는 제품 기능을 보면 꼭 우리에게 절실하고 필요한 제품들로 언뜻 유혹이 간다. 더욱 끌리게 하는 것은 '100퍼센트 환불 보장'이다. 이런저런 조건을 붙여 '100% 환불 보장'을 외치는게 아니라 구입 후 몇 개월 이내 마음에 안 들면 아무 조건 없이 환불해 준다는 '무조건 100% 환불 보장'이다. 물론 무료 사용 기간에 제한을 두긴 하지만, 이 정도면 '무조건'이라고 보아도 무방한 것 아닌가하는 생각이 든다.

'전액 환불 보장'이란 개인의 호불호(好不好)나 선전에 명시된

만큼의 효과가 나타나지 않는 경우에는 제품을 반송해 구입했을 당시 지불한 금액 전부를 환불해 주는 제도다. 구매자는 이 제도를 통해 구매에 대한 부담을 줄이고 만족할 만한 결과를 얻을 수 있으며 기업체들은 착한 기업이라는 이미지 인식으로 판매를 늘릴 수 있는 방식으로 판매자와 구매자들이 동시에 윈-윈 하는 경영수단이다.

대다수 소비자는 자신과 관련이 있는 것에 가치를 더 부여하는 자기 중심성 때문에 일단 자기 것이 된 물건을 다시 내놓으려 하지 않는 성향이 있다. 이런 성향을 가리켜 학계에서는 리처드 타일러(Richard H. Thaler)의 '소유효과(Endowment effect)', '보유효과', '부존효과', '관성효과(inertia effect)', '박탈 회피(divestiture aversion)'라고 부른다고 설명한다.

추천받은 대니얼 카너먼(Daniel Kahneman)의 「생각에 관한 생각: 우리의 행동을 지배하는 생각의 반란!」을 읽게 되었다. 책에서 저자는 인간의 모든 행동과 생활, 즉 인생의 근원인 생각을 크게 2가지로 구분해 설명한다. '빠르게 생각하기(fast thinking)와 '느리게 생각하기(slow thinking)다.

전자는 직관을 의미하며 후자는 이성을 의미한다. 달려드는 자동차를 피하는 동물적 감각의 순발력이나 2+2의 정답은 4라는 생각은 '빠르게 생각하기'이며, 반면 미분 방정식이나 교육 현장같이 머릿 속에 즉시 떠오르지 않아 심사숙고해야 하는 생각은 '느리게 생각하기'이다.

책을 통하여 아주 흥미로운 실험 결과를 알게 되었다. 실험은 3개의 물통에 각각 냉수, 미지근한 물, 온수를 넣고 냉수와 온수에 한 손씩 1분간 담근 후 두 손을 다시 미지근한 물에 담그는 것인데, 실험 결과에 따르면 사람들은 두 손을 동일한 온도의 물에 넣었지만 한 손은 따뜻하게 다른 한 손은 차갑게 느꼈다고 한다.

저자는 이러한 현상을 현실 세계에 적용했고, 사람들은 이득보다 손해에 대해 더 민감하게 반응하는, 즉, 아끼는 물건에 대한 애착이라기보다는 자신의 소유물을 남에게 넘기는 것을 손실로 여기는 심리로 인하여 손해가 이득보다 더 크게 보인다고 지적하였다. 이런 논리를 통하여 저자는 '우리는 종종 합리적이지 못한 상황을 접할 경우 타인의 잘못을 인식하기에 앞서 자신의 잘못을 깨닫기가 더 어렵다.'라고 설명한다.

필자 역시 합리성을 추종하지만 스스로 이를 거스를 때가 많아 저자의 지적에 적극적 지지를 보내지 않을 수 없다. 전액 환불 보장에 대한 의심을 갖는 독자라면 이 책은 최소한의 읽을 가치를 보장한다고 말할 수 있겠다.

62

기록할 가치가 있는 삶을 산 당신

조선비즈 잡지사에서 '조선비즈 기억의 책' 서비스를 시작한다는 기사를 접하고, '이제는 자서전을 누구나 발간할 수 있는 시대로 접어들었구나' 하는 생각이 떠오른다.

대부분 사람은 '자서전' 하면 위대한 업적을 남긴 가치 있는 삶을 산 사람만이 쓰는 것이고 또한 그들만이 자서전을 출간할 자격이 있다고 생각한다. 사실, 필자 또한 그런 생각을 했던 사람이고 현실에서도 소위 출세한 사람들만이 자서전을 발간하고 있다.

문제는 우리가 가치 있는 삶의 결과물인 위대한 업적을 너무 이상적으로 생각하는데 있다. 기발한 아이디어를 내고, 남이 하지 못한 일에 도전하여 성공하고, 공부를 잘해 새로운 이론을 발견하고, 고위직에 오르거나 많은 돈을 번 경우 등을 가치 있는 삶을 산 위대한 업적으로 여긴다. 물론 이러한 것들은 가치 있는 삶을 통한 값진 업적들이다. 그러나 가치 있는 삶의 위대한 업적은 성공 결과물에만 있는 것은 아니다.

지혜롭기로 유명한 솔로몬을 우리는 잘 안다. 그는 모든 것을 소유한 한 국가의 왕이었고, 저명한 정치가이었으며, 당대에서 손꼽히는 갑부이면서 최고의 현자로 인정받는 사람이다. 그런데 이룰 만한 업적을 다 이룬 그도 여전히 '가치 있는 삶은 어떤 것인가?' 하고 자문했고, 솔로몬은 살아가는 과정에서 삶 가치를 발견한다. 그의 경우는 '하느님'이 준 말씀에 따른 삶을 살았는지를 결과물로 남겼다.

가치 있는 삶에 따른 위대한 업적은 자신의 일상생활 과정에서도 만들어진다. 스페인 출신의 화가 호세 게레로(Jose Geurrero)는 "의도한 대로 열심히 그림을 완성하고 나면 높은 산을 정복한 듯한 느낌이 듭니다."라고 열심히 사는 것 자체를 업적으로 보았다.

그는 "세월이 흐르면서 그림은 없어지기도 하고 손상되기도 합니다. 하지만 살기 위해 자신이 노력한 열정은 그렇지 않습니다. 이것이야말로 더없이 가치 있는 삶의 결과물이지요."라고 덧붙여 말했다.

우리들도 모두 자서전을 쓸 가치가 있다. 엄밀하게 보면 우리 자신 모두 위대한 업적을 남기려고 노력하면서 산 사람 아닌가? 기록 할 가치가 있는 삶을 살려고 노력한 이상 우리는 작더라도 위대한 업적을 남긴 존재다. 우리는 위대한 부모의 자식으로 태어났고, 자녀의 부모로서 자녀들을 훌륭히 키웠으며, 또한 비록 소수일지라도 누군가에게는 의미 있는 존재다. 그래서 자서전을 쓸 자격이 충분히 있다.

특별할 것이 없어 보여도 나의 삶과 생각을 책으로 남기는 것은 나를 돌아보는 과정이며, 자식에게는 발자취가 될 수도 있다. 개개인의 작은 역사가 모여 가족과 집안의 역사가 되고 크게는 나라의 역사가 되기도 한다.

필자가 오랫동안 출판업계에 종사하면서 느꼈던 생각과 반성, 앞으로 해보고 싶은 일들을 본 책으로 집필하게 된 동기도 비록 필자의 삶을 엮은 자서전은 아니어도 그래도 난 쓸 자격이 있다는 생각의 전환 때문이다.

나 역시, 출판 업자로서 삶을 기록으로 남기고자 하는 분들을 위하여 적극적으로 도와주어야겠다. 이런 일을 할 수 있는 나에게 스스로 감사한다.

63

마켓 오거나이저

어느 날 오랜만에 분식점을 가게 되었다. 직장 초기에는 점심을 대충 때운다는 생각으로 자주 이용하였지만. 식당도 무한경쟁이니 메뉴도 정말 다양하다. 조그만 곳에서 50여 가지 메뉴를 내놓고 있으니 말이다. 김밥만 해도 종류가 7가지가 넘는 것 같다.

사람들은 개성 있으면서 편리한 생활을 추구하고, 사회는 무한 경쟁 사회로 변하다 보니 너무나 많은 종류의 상품과 서비스가 쏟아져 나오고 있다. 생텍쥐베리의 소설「어린 왕자」에서 여우가 어린 왕자에게 '사람들은 이제 무엇인가를 알아야 할 시간조차 갖고 있지 못해 그들은 상점에서 이미 만들어 놓은 것들을 사는 데 익숙하거든…'라고 말한 대로 우리는 이미 만들어진 상품과 서비스 속에 인생을 살고 있다는 느낌이 든다. 그러다 보니 내가 과거 선택한 것이 그래도 나은 것인지 아니면 새로 나온 것이 나은 것인지 결정하기가 어렵다.

이제 우리는 내 선택이 최고의 선택이라고 단정적으로 말할 수 없는 세상에 살고 있다. 내가 알고 있는 상품과 서비스 이외에 또 다른 것들이 쏟아져 나오기 때문이다. 독자 여러분은 편의점 쇼케이스 앞에서 어떤 음료가 제일 좋은 것인지 또는 마셔야 할지 쉽게 선택할 수 있는가? 오렌지 쥬스가 마시고 싶다 해도 어떠한 브랜드의 어떠한 크기, 어떠한 맛의 오렌지 쥬스를 고를지 쉽게 결정할 수 있는가? 아이스크림 가게에서 맛있다고 생각하는 3~5가지를 주저 없이 고를 수 있는가? 대부분은 "알아서 주세요" 하던가 아니면 옛날 것으로 선택한다. 이렇게 선택이 어려운데 만약 독자 여러분이 사업을 하고 있다면, 내 혁신 상품을 고르라고 사람들에게 설득시키는 것이 얼마나 어렵겠는가?

혁신 결과물을 사람들에게 인지시켜 구매 단계까지 이끄는 과정의 어려움을 이야기한 좋은 책이 있다. 뉴 코크(New Coke: 코카콜라사의 혁신 제품)의 참패를 예고한 사람이며, 4륜 구동 자동차의 인기, 가정 배달의 증가, 신선 식품 추구 열풍을 예측한 미래학자

페이스 팝콘(Faith Popcorn)이 쓴 「클릭! 미래 속으로」이다. 그녀는 17가지 미래 트랜드를 설명하면서, 그 트랜드의 하나로 사람은 하루에 99가지 정도의 일은 해야 하는 '99 가지 생활 트렌드'를 지적한다. 그리고 이 복잡한 '99가지 생활 트렌드'를 피하기 위해 사람들은 돈을 주고 시간을 사는 즉, 도움을 받는 비중이 커진다고 미래를 진단한다. 팝콘의 예측대로 이러한 현상이 점점 심화될 것으로 인정한다면, 새로운 제품이나 서비스가 나와도 사람들은 너무 귀찮고 복잡한 것들이 싫어서 기존에 구매하고 이용했던 제품이나 서비스를 계속 고집할 기능성이 높다. 혁신 결과물의 구매 설득이 정말 어려울 수 있다.

   그러나 우리 인간은 옛날 것을 찾으면서도 점차 새로운 세상에서 새로운 관계와 공동체를 통해 새로운 제품과 서비스를 찾고 소비한다.

   여러분이 사업가라면 새로운 환경에서 새로운 모습으로 경쟁하는 새로운 시장 조직자가 되어야 하고, 단순 생활인이라면 서적을 통해서든, 뉴스와 신문을 통해서든, 다른 사람들과의 적극적인 교류를 통해서든, 그 어떤 형태를 통해서라도 세상과 사람들의 변화를 주도해야 한다. 이러한 변화 주도는 새로운 질서 창조로 만들고, 새로운 질서 창조는 새로운 기회를 제공할 것이기 때문이다.

64

창업, 아무나 하는거 아니에요

바^{야흐로} 창업 전성시대다. 취업이 어려워 창업을 하기도 한다. 정부 또한 적극적으로 창업을 권장하고 있다. 창업하면 젊은 층 창업 또는 신기술 창업이 먼저 떠오르는데, 오늘날의 현실은 조기퇴직으로 인한 중장년층 실업 대책으로 기술이 아닌 비즈니스 아이디어로 창업을 하는 경우가 많다.

창업(創業, Startup)이란 말 그대로 비즈니스의 시작을 의미한다. 경영학 교과서에서는 '기업가 정신을 갖춘 개인이나 집단이 혁신적인 사업아이디어를 가지고 사업목표를 세우고 자본, 인원, 설비, 원자재 등을 확보하여 재화나 서비스를 제공하는 조직체의 설립'이라고 정의한다. 이런 멋진 정의를 따르다 보니 창업에는 사업 목적을 달성하여 대박을 터뜨리는 것은 물론 개인적인 목적(좋은 직장 소유, 도전의식 발휘, 생활의 향상, 재정적 안정, 능력 발휘 등)을 달성하는 매혹적인 기회라고 알려져 있다. 직장 구하기가 어렵고 다른 직업을 찾아보려는 사람들에게는 솔깃한 단어다. 더구나 정부가 적극적으로 지원해 준다는 기사도 매일 매체에 소개되고 있으니 말이다.

창업. 다시 한번 곰곰이 생각해 볼 용어다. 창업을 부정적으로 보라고 권하는 뜻에서 생각해보자는 것은 아니다. 사업체를 운영하고 있는 필자로서 주변에서 듣고 실제 부딪쳐 본 경험이 있기에 한번 정리해본다.

우선 기업가 정신이라는 것에 관한 오해다. 이 분야 권위자인 슘페터(J. Schumpeter)는 "기업가 정신은 다양한 혁신 활동을 통한 이윤창출의 기능을 수행할 수 있는 경영자 자질요소이며, 이러한 기업가 정신이 있는 조직만이 생존과 번영을 누릴 수 있다."라고 단언하고 있다. 그런데 많은 사람들은 자신만의 고집과 아집을 기업가 정신으로 착각하고 있는 경우가 많다.

내 물건 내 아이디어가 최고라는 뚝심으로 창업을 한다. 그런 생각은 자신의 머리 속에 있는 생각이고 시장이나 고객은 냉정하다. 그러니 실패가 다반사다. 한국은 OECD 국가 중에 창업 3년 후 생존율이 41%로 매우 낮다. 수없이 쏟아지는 특허 개발자가 있는데 그들 대부분이 왜 가난하다고 느낄까?

　기업가 정신 기반의 창의적 아이디어를 발상하되, 겸손함과 유연함으로 시장과 고객의 의견을 계속해서 묻고 듣는 자세가 부족하기 때문이다.

　아이디어만 있으면 정부가 지원해 주고 많은 사람이 돈을 투자해 줄 것으로 믿는 자신감이 물론 필요하다. 그러나 자신감만을 가지고 창업에 성공한 사례는 극히 드물다. 정부 지원금을 받는다 해도 금융기관에서 거절당하기 쉽고 물론 보증기관을 통해 받기도 하지만 사업 계획에 비하면 적은 금액이다. 그러다 보니 창업 후 추가 자금 확보에만 전념하게 된다. 본연의 활동은 뒷전이 되니 실패가 될 수밖에 없다.

　창업! 쉬운게 아니다. 운명의 명(命)자에는 사람(人)이 살다 보면 한번은 고난에 두드려 맞는다(叩)는 뜻이 내포되어 있다. 그러니 창업을 생각하되 너무 서둘지는 말아야 한다. 그리고 성공보다 실패할 경우에 대비한 대비책을 먼저 세워야 한다. 이것이 현실이다.

65

N세대 아이들의 위기

New, Next, Newtype, Netizn 세대라고 불리우는 N(Network)세대는 나이와 관계없이 네트워크로 연결되는 세대이며 새로운 정보기술의 활용능력을 중심으로 구분되는 세대이다.

이들은 강요에 의해서가 아니라 자발적으로 소외에 짓눌리지 않고 자신의 생각을 함께 나누고 공유하는 집단으로 강한 독립성과 감성적이며 지적 개방성을 소유하고 있으며, 외모나 피부 색깔이 아니라 인간성으로 인간을 평가하는 포괄성을 지니고 있다.

인터넷을 통해 또래 집단과 끊임없이 대화하면서 사회성과 공동체의식을 기르는가 하면 자신들만이 통용되는 상징어를 쓰고, 글만이 아닌 모든 사용 가능한 커뮤니케이션을 익숙하게 쓰고 있다. 한마디로 N세대는 다양성을 인정하는 세대, 굉장한 호기심을 가진 세대, 자신감과 자립심이 가득한 세대라고 말할 수 있다.

N세대의 아이들은 신발 끈을 묶는 것보다 스마트폰 애플리케이션을 갖고 노는 것을 더 잘 한다고 한다. 이런 아이들에게 위험이 오고 있다는 서적과 언론 기사가 난무하다. 대부분의 아이들은 이전과 완전히 다른 환경과 위험에 처해 있으며, 적합한 양육과 보호 없이는 부모나 다른 사람들과 정상적인 관계를 맺기 어려울 수 있다는 것이다.

교육학자 캐서린 스타이너 어데어(Catherine Steiner Adair) 외 1인이 집필한 〈디지털시대, 위기의 아이들(The Big Disconnect: Protecting Childhood and Family Relationships in the Digital Age)〉가 있다.

저자들은 N세대 아이들이 부모, 다른 사람, 외부 세계와 맺는 관계 방식이 매우 위험하다고 지적한다. 그들은 아이와 부모 또는 아이와 외부 세계의 관계가 1대 1 관계가 아니라 인터넷이나 스마트폰을 통해서 연결되는 일종의 '삼각관계'라고 설명하고, 상호 간의 연결을 3각 형태로 만들면 우리의 대화는 제3의 영역이 되어 종종 연결이 방해되고 궁극적으로는 연결이 끊어진다고 기술한다.

저자들이 보여주는 N 세대 가족의 모습은 충격적이다. 아이 뿐만 아니라 부모들도 디지털 기기의 화면만 바라보고 있다. 부모와 아이들은 신속하고 끊임없이 사람 혹은 대상을 찾아 오직 인터넷 생활만을 즐긴다. 얼굴을 마주보며 다른 사람들의 감정과 의도를 파악하고 서로 생각과 느낌을 나누는 시간을 제대로 갖지 못한다. 그 결과 아이들은 자기통제 기술 및 사회적, 감정적 시각을 갖추지 못하게 된다. 뇌에 불균형이 일어나고, 어린 시절 잠재 능력을 충분히 발달하지 못한 아이들의 뇌는 부족한 상태로 평생 간다.

걱정이 태산이다. 더욱 충격적인 내용은 다름 아닌 우리 기성 세대의 태도다. 저자들은 오히려 부모들의 디지털 중독을 경고한다. 초등학생을 상대로 조사를 벌인 결과, 아빠·엄마 하면 가장 먼저 떠오르는 모습은 스마트폰 통화를 하거나 인터넷에 푹 빠져 있는 모습이라 한다. 다수의 아이들은 그들이 '고립되었다.'라고 느꼈다고 저자들은 지적한다.

아이 뿐만 아니라 어른들 또한 N세대 아이들을 제대로 양육할 준비가 되어 있지 않다는 지적은 눈여겨 볼 만한 대목이다. 우리 자신부터 디지털 디톡스(digital detox) 운동이 필요한 시점이다.

66

조상에 대한 예의?

제사는 예를 드리는 대상에 따라 구분된다. '종묘제례'처럼 예의 대상이 국가가 되는 경우가 있고, 사월 초파일과 크리스마스처럼 대상이 종교가 되는 경우와 일반인이 자신의 조상에게 제사를 지내는 경우가 있다.

공자는 세상의 일은 '인(仁)'이라는 사상으로 사람이 해결해야 하고, 실행하는 방법으로 '예(禮)'를 말하고, '예(禮)'를 실천하는 방법으로 관혼상제(冠婚喪祭)를 강조한다.

여기에서 상제(喪祭)는 조상이 죽었을 때 어떻게 제사를 지낼지를 설명하는 내용이다. 그러나 공자가 말한 제사는 '양반' 이상의 계급에만 해당된다. 일반 서민과는 아무 관계가 없는 일이었다. 조상에게 제사 지내는 이유는 부모가 나를 인간으로 태어나게 해 준 근본을 잊지 않고 보답하기 위해서라고 공자는 말했다. 아이가 태어나면 부모는 3년을 품에 안고 지내기에 자식도 부모님에게 보답하기 위해 3년 동안 상복을 입고 시묘를 해야 한다고 가르쳤다. 3년 상이란 용어는 여기서 유래한 말이다.

매번 맞이하는 명절인 설날과 추석 때마다 주부들은 제사상 차리는 비용이 부담이 된다. 넉넉하지 못한 살림살이를 하는 서민에게 제사는 스트레스다. 20년 동안 명절 때마다 차례를 지내온 지인이 "올 명절에 음식 준비하는 데만 50만 원이 넘는 돈을 썼어."라고 말한다. "조사 기관이 발표하는 것은 엉터리이에요."라고 어필한다.

생각 차이가 나는 이유는 간단하다. 생각하는 기준이 서로 다르기 때문이다. 조사 기관들은 모두 4인 가족을 기준으로 가격을 조사하며 4인 가족이 한 끼 먹는 음식량에 맞춰 가격을 산정한다. 하지만 실제로 차례를 지내는 집들은 대부분 그보다 훨씬 많은 음식을 준비한다. 친척끼리 먹은 뒤 남는 걸 싸서 줄 것도 생각해 많은 양을 준비하는 것이다.

'가급적 많이 차리는 것이 조상에 대한 예의'라는 인식이 남아 있다. 과거 먹는 것이 풍족하지 않았던 시절에는 명절 때만이라도 많이 먹자는 생각이 있었기에 많은 양을 준비했을 것이다. 그런데도 일단 명절 음식은 많이 만들고 보자는 관습은 사라지지 않고 있다. 평소 간소하게 차례를 지내던 집도 며느리 등 새 식구가 들어오면 집안의 가풍을 보여준다며 푸짐한 차례상을 차리는 것도 허례허식의 또 다른 이유다.

　우리 삶의 과대 포장, 다시 생각해 보면 어떨까? 공자의 나라인 중국에서도 우리나라처럼 명절에 조상을 모시는 제사를 지내는데, 제사상이 단출하다. 과일, 튀긴 닭고기 한 접시와 튀긴 물고기 한 마리 그리고 물만두도 한 그릇 뿐이다.

67

나만, 못 사는 것 같아...

2017년 '알바천국'이 전국 20대 남녀 616명을 대상으로 한 설문조사를 보면 응답자의 상당수가 스스로에 대한 자신감이 낮은 것으로 나타났다.

'자존감이 낮다'라고 응답한 경우가 40.6%로써 '높다'라고 응답한 24.4%보다 월등히 많았다. 그리고 자존감이 낮아졌다고 느끼는 순간으로는 '행복해 보이는 지인들의 소셜미디어를 볼 때(27.6%)'와 '취업이 되지 않을 때(22.7%)' '가족들의 기대에 부응하지 못할 때(21.9%)'가 꼽혔다. 그 밖에 '외모가 만족스럽지 못할 때(11%)'도 주요 이유로 꼽혔다. 그러다 보니 황금연휴를 맞이해도 즐거워 하기보다는 지루한 연휴를 어떻게 보내지? 하고 투덜거리는 사람이 의외로 많다.

　직장을 잃은 한 후배가 찾아와 "일자리 좀 알아봐 주세요?"하면서 더 깊은 시름 속에 빠지면 별의별 생각이 다 난다고 한숨짓는다. "왜 나는 못사는 것일까, 나만 빼고 다 잘 나가는 것 같아" "일찍 결혼한 내 친구들 모두 잘 사는데 난 결혼도 못 하고 이게 뭐야" "김 ㅇㅇ는 승진이 빨라 이미 집이 두채고, 골프회원권은 물론이고 타고 다니는 차도 외제차인데, 똑같이 졸업하고도 난 요 모양이니 이게 뭐야" "저 친구는 취업 포기하고 창업에 성공하여 호텔에서 친구들을 불러모아 생일파티 할 만큼 잘 사는데." 등 푸념이 절로 나온다고 한다. 어떨 때는 "난 게으르고 우둔한가봐, 아니 무능한 것 같아"라고 자책까지 하게 되고 "너, 우울증 걸렸어"라는 소리까지 들었다고 하소연한다.

　전문가는 우리나라가 어릴 때부터 서로 경쟁하면서 끊임없이 남과 자신을 비교하는 습관이 몸에 뱄기 때문에 이런 성향이 심하다고 지적한다. 사실 인간이란 남과 자신을 비교하며 자신을 평가하고 열등감을 발견하면 자존감이 낮아지기 마련이라고 한다. 따라서 소셜미디어에서 주변 사람들이 잘 먹고, 잘 놀고, 잘 꾸미는 등 좋은 모습만 보면 나만 못사는 것 같고 불행하게 산다고 느끼게 된다. 그런데 잘 사는 것으로 생각하는 사람들 이야기를 들어보면 그들 나름대로 낮은 자존감 또는 열등감이 있다. 자신보다 더 잘 사는 사람들이 있기 때문이다.

우리는 사회화 과정에서 타인에게 자신의 존재 가치를 인정받으며 살아가다 보니 타인의 시선으로 나의 존재 가치와 인정 여부를 평가받으려 한다. 상사에게 인정받지 못하여 핀잔받고 있다고 느끼는 직장인, 자신의 능력이나 성취를 의심하여 스스로 불안해하는 사람, 이 모두는 타인의 시선에 의존해 나를 평가하는 사람들이다. 이런 사람들은 '과연 내가 인정받을 수 있을까?'를 고민하며 에너지를 소모한다. 인정받으려는 욕망이 강하면 강할수록 강박을 느끼고 지치기도 하여 스스로 무너지게 된다.

남들도 말을 안 하지만 나처럼 아등바등 산다. 자신을 너무 비관적으로 보지 말자. "나만 힘든 게 아니야?" "왜 나에게만 이런 행운이 자주 있는 거야!"라고 생각하자.

인생은 생각하기 나름이다.

68

지피지기와 벤치마킹

지피지기란 '너를 알고 나를 안다.'라는 뜻이다. 손자병법에서 남을 알고 나를 알면 백번 싸워도 지지 않는다를 뜻하는 '지피지기 백전불패(知彼知己 百戰不敗)'에서 유래된 말이다.

경영전략 기법으로 벤치마킹(Benchmarking) 기법이 있다. 벤치마킹이란 무엇인가? 원래는 토목 분야에서 강물의 높낮이를 측정하기 위해 기준으로 삼는 점을 찾는 의미였으나, 기업에 적용되면서 경쟁우위를 쟁취하기 위하여 관련 산업의 최고 수준에 있는 남의 기술 혹은 업무방식(프로세스)을 배워서 경영성과를 향상하는 기법으로 해석된다. 즉 지피지기와 같은 맥락의 뜻이다.

이러한 지피지기는 우리나라의 경우 요즘은 오히려 발상의 한계로 작용한다고 한다. 벤치마킹을 통하여 선진국 또는 초일류기업 어디선가 통했다는 말을 들었을때만 실행에 옮긴다. 이런 수동적 태도로는 기술혁신 주기가 짧은 현대에서는 살아남기가 어렵다. 또 다른 한계는 우리나라의 품질과 기술이 이미 국제적으로 벤치마킹 대상이 되었다는 점이다. 쫓아가기 위해 벤치마킹하기 보다는 오히려 벤치마킹 당하는 사례가 빈번하다.

　이제는 남을 알기보다는 스스로 우리만의 기술과 표준을 창조하여 더 멀리 달아나야 한다. 발상의 전환을 정지해서는 안되며, 삶도 마찬가지다. 남 따라 하기보다는 내 방식의 삶을 개척하여 앞서가는 자세가 필요한 시기다.

　내 방식의 삶으로 유명한 성공인이 있다. 다름 아닌 소프트뱅크 손정의 회장이다. 미지의 분야에 신규 투자할 때 작게 시작할까, 아니면 크게 밀어붙여야 할까를 고민하게 된다. 지피지기에 몰입하면 열 중 아홉은 '작게 간다'가 답이다. 선진 최고 수준 기업들의 경우 대개 그렇게 하기 때문이다.

　소프트 뱅크가 2001년 초고속인터넷 사업을 시작할 때다. 일본 최대 IT기업 NTT의 텃세도 있고, 시장도 아직 활성화되어 있지 않았다. 당시 경영인들은 "이럴수록 반찬 간 보듯 조심스레 가야 하는 것이 지피지기입니다."라고 권고하였다. 그러나 손정의 회장 생각은 달랐다. 진입장벽이 높다는 건 그만큼 경쟁자가 적다는 뜻이고, 당장의 시장은 작지만 곧 미래 산업의 핵심 인프라가 될 터이니 압도적 공세로 시장을 선점해야 한다고 판단했다. 자신의 방식대로 세상을 본 것이다.

2001년 6월, 드디어 도쿄 시내에서 시범 서비스를 시작하면서 "경쟁사 NTT보다 5배 빠른 초고속인터넷을 NTT 요금의 8분의 1로 서비스하겠습니다. 초기 설치비는 무료, 프로모션 기간 중엔 가정용 모뎀도 무료로 드리겠습니다"라고 또다시 폭탄선언을 했다. 엄청난 선언을 했건만 박수치는 사람은 한명도 없었다. 그는 아랑곳하지 않고 외쳤다. "다들 저보고 미쳤다고 합니다. 많은 애널리스트들이 소프트뱅크는 곧 파산할 거라고 합니다. 하지만 저는 제 방식대로 세상을 봅니다. 이 사업은 꼭 성공합니다"라고

69

한국형 트랜드에 대한 단상 1

한국은 반만년 역사 속에 단일민족, 단일문화를 자랑해 왔다. 반면 미국은 용광로(melting pot)라고 불리는 다민족, 다문화 정책을 유지해 왔다. 그러나 최근의 현상들을 보면 미국은 외부의 적을 통하여 새로운 단일공동체의 모습을 보여주고 있는 반면에 한국은 세대 간, 계층 간, 성별 간 단절이라는 새로운 공동체의 모습으로 변모해 가고 있음을 부인할 수 없다.

이러한 변화는 오랜 역사를 통해 형성되어 온 한국의 모습을 변화시킬 것임에 틀림 없고, 기존의 가치관과 생활패턴, 크게는 문화 자체가 완전히 새로워지는 변화를 직면하게 될 가능성이 높다는 것이다. 따라서 이러한 시점에서 새롭게 변화될 모습을 살펴보고 예측해 보는 것은 사회 진출을 준비하는 취준생, 사회 복귀를 희망하는 경단녀, 제2의 인생을 설계 중인 모든 사람들에게 매우 중요한 일이 될 것이다.

필자는 독자들과 함께 몇몇 한국형 트랜드에 대해 고민해 보기를 원한다.

첫째, 시니어 마켓의 확장에 주목해야 한다. 일명 실버세대라고 불리는 이들은 전통적으로 한국사회에서 섬김과 보살핌의 대상이 되어 왔다. LG경제연구소는 이들을 실버세대로 부르지 말고 시니어 마켓, 즉 자신들을 위한 소비욕구와 능력이 왕성한 새로운 시장으로 파악해야 한다고 주장하였다. 그러나 앞으로의 실버세대는 한국의 경제 부흥의 주역임에도 불구하고 경제력을 계속 확보하고 있을 가능성이 낮다. 물론 경제력과 구매력이 있는 실버 세대는 부익부 빈익빈이라는 사회적 현상 속에서 계속 늘어날 전망이지만, 이들이 스타트업의 제품이나 서비스로 유입될 가능성은 매우 낮다고 보는 것이 합리적이다. 구매력이 충분한 실버세대는 지금까지의 구매 행태처럼 스테디셀러 시장에 머무를 가능성이 높을 것이다. 반면 최근 유튜브 시장에서 그들의 존재를 과시하고 있는 것처럼 새로운 시장으로 변모할 가능성도 여전히 존재한다.

둘째, 지금의 386 세대가 앞으로 어떠한 역할을 할 것인지에 대해서 지속적으로 고민할 필요가 있다. 그들은 당분간 사회에서 가장 중요하고 높은 위치에 자리할 것이며, 가장 많은 경제력도 있을 것이다. 다분히 정치적 성향이 강하며 진보적 성향이 강한 이들은 스타트업계에도 일정 부분 영향을 미칠 수 있을 것으로 예상된다. 이들의 진보적 성향과 도전 정신은 4차산업 혁명 시대의 신기술 제품이나 서비스로의 유입을 가능하게 할 수도 있다.

셋째, 일명 X세대로 불렸던 포스트 386 세대가 현재 한국 사회의 허리 역할을 하고 있다. 이들은 한국의 경제 발전으로 많은 혜택을 누리고 성장한 세대로서, 패밀리 레스토랑을 초등학교 이전부터 경험하였으며 패스트푸드나 피자와 같은 식습관에도 매우 익숙한 세대이다. 그러나 이들은 대학생 혹은 청소년 시절에 IMF를 겪게 되며 한국 사회에서 잊혀진 세대가 되었으나, 그후 이들이 가정을 꾸리는 세대가 되면서 새로운 소비자 집단으로 등장하였다. 워킹맘, 앵그리맘, X대디 등 다양한 신조어를 탄생시킨 이들은 역대 어느 기성세대보다 강력한 소비성향과 지불의지(willing to pay)를 보이고 있다. 한국경제가 긴 암흑을 걷는 동안에도 이들은 유·아동 시장을 성장시키며 한국 소비시장의 한 축을 담당했다.

이처럼 현시대의 대한민국 기성세대는 이전의 전통적인 기성세대와 다른 모습을 보이고 있다.

70

한국형 트랜드에 대한 단상 2

비즈니스계의 노스트라다무스라고 불리는 페이스 팝콘(Faith Popcorn)은 자신의 저서 〈팝콘리포트〉를 통해 세대 변화에 대한 문제점을 지적하고 10년 이상 변하지 않는 세상의 법칙을 찾아내야 한다고 주장하였는데, 이러한 장기 법칙을 트렌드라고 표현하였다. 10년 이상 변하지 않는 법, 이것을 찾아낸다는 것은 결코 쉬운 일이 아니다. 그러나 성공의 법칙이 이러한 트렌드에 있다면 꼭 한번 심사숙고할 필요가 있음은 분명할 것이다.

4차산업 혁명 시대의 대한민국은 일명 밀레니얼 세대(1980년대 초반~2000년대 초반에 출생한 세대)라고 불리는 한국형 소황제 세대가 변화를 주도할 가능성이 크다. 중국에서 인구 조절 정책으로 한 명의 자녀만 출산하게 되고, 이들에게 부모와 할아버지, 할머니, 외할아버지, 외할머니의 관심과 애정이 집중되면서 왕성한 구매력을 갖게 된 세대를 소황제라고 불렀다.

최근에는 한국 역시 외동아들과 외동딸이 결혼하여 자녀를 한 명만 낳는 경우가 많은데, 이들을 한국형 소황제라고 부른다. 이들은 어릴 때부터 인터넷에 능숙하며 공동체 문화보다는 혼자만의 문화를 구축하는 경향이 많기 때문에 자기 중심주의 세대(Me Generation)라고 부르기도 한다.

이들은 정치적, 경제적 상황에 관계없이 성장과정에서 풍요로운 삶을 누리는 경우가 많으며, 이들이 본격적으로 직업을 가진 사회인으로 사회에 진출할 경우 기존 세대와는 완전히 다른 새로운 소비집단으로 한국 사회에 변화를 가져올 가능성이 높다.

이렇듯 10~20년 후에 한국에는 완전히 새로운 가치관과 소비성향, 새로운 시장이 등장하게 될 가능성이 매우 크다. 이렇게 모든 것이 불분명하고 판단이 어려운 시기이기 때문에 지금까지 나타난 트렌드와 앞으로 나타날 트렌드에 대해 살펴보는 것은 자신의 인생 방향성을 설정하는 것에 매우 중요한 단서를 제공할 것이다.

한국형 소황제들이 이끌어 갈 대한민국은 어떤 모습일까?

지은이

- **한의명**

  서울 종로구 삼청동에서 태어나서 교동국민학교를 졸업하고 대신 중·고등학교와 건국대학교 경영학과를 졸업하였다. 그 이후 명경사를 창업하여 현재까지 출판업에 종사하고 있다.

- **김승환**

  서울 왕십리에서 태어나서 도성국민학교를 졸업하고 역삼중학교와 영동고등학교를 졸업하였다. 인하대학교 경영학과를 졸업하고, 동대학원에서 경영학석사와 경영학박사를 취득했다. 현재 평택대학교 창업융복합 전공 주임교수와 창업보육센터 센터장으로 재직하고 있다. 또한 창업전문가로서 다양한 방송, 저술, 강연 활동을 하고 있다.

아침을 여는 70選

초판인쇄 2019년 11월 25일
초판발행 2019년 12월 1일
지은이 한의명 · 김승환
발행인 한의명
편집인 임미옥
책임편집 김은희
표지디자인 박미아
마케팅 서동수 · 이은병
제작 이인희

주소 경기도 파주시 탄현면 헤이리로 185번길 40-27
전화 02) 2164-1591(代)
팩스 02) 2164-1594
이메일 mkspub@daum.net
출판등록 2000년 8월 9일
ISBN 979-11-88052-23-3

※ 잘못된 책은 바꿔 드립니다.
※ 책 값은 뒤 표지에 있습니다.